Director de la colección:
ANTÓN COSTA

Colección **Biblioteca de Pedagogía**

Título original: *L'école dans et avec la nature*

© de la edición original: ESF sciences humaines, Francia, 2022
© del texto: Corine Martel y Sylvain Wagnon, 2022
© de la traducción: Isabel Soto, 2026
© de esta edición: Kalandraka Editora, 2026
Rúa de Pastor Díaz, n.° 1, 4.° B – 36001 Pontevedra
Tel.: 986 860 276
editora@kalandraka.com
www.kalandraka.com

© de la imagen de cubierta: Vicente Blanco

Impreso en Rodona, Pamplona
Primera edición: marzo, 2026
ISBN: 978-84-1343-438-4
DL: PO 48-2026
Reservados todos los derechos

MIXTO
Papel | Apoyando la
silvicultura responsable
FSC® C136768

Escuelas en y con la naturaleza

LA REVOLUCIÓN PEDAGÓGICA DEL SIGLO XXI

CORINE MARTEL Y SYLVAIN WAGNON

TRADUCCIÓN DE ISABEL SOTO

kalandraka

ÍNDICE DE CONTENIDOS

INTRODUCCIÓN

El entusiasmo por la escuela en y con la naturaleza es una realidad. La crisis sanitaria intensificó en gran medida la toma de conciencia sobre la necesidad de permitir a todos y a todas, y en particular a los niños, estar en contacto con la naturaleza. Este movimiento no nació con la pandemia. Se inscribe en una historia, unos principios y unas prácticas. Comprender y analizar esta escuela en y con la naturaleza supone abordar los desafíos actuales de nuestro sistema educativo y, al mismo tiempo, proponer perspectivas para una revolución pedagógica del siglo XXI. Este es el objetivo central de este libro.

Pensar en una escuela diferente, atenta a las necesidades y el ritmo de los niños, no es una utopía, sino una obligación y una urgencia para nuestra sociedad. Este auge de la escuela en y con la naturaleza debe pensarse para perdurar y para convertirse en la escuela de la alteridad, la solidaridad y la emancipación. Frente a los desafíos medioambientales y políticos de hoy en día, esta escuela en y con la naturaleza no es para nosotros una moda pasajera relacionada con la pandemia. Se trata de un movimiento de fondo que revela reflexiones que conciernen a nuestros comportamientos y, por tanto, una consideración lúcida acerca de la necesidad de cambiar nuestra manera de pensar mediante la educación. Porque la educación es el principal motor de transformación de una sociedad, el único duradero y democrático. ¿Cómo elaborar una reflexión general sobre esta cuestión de la escuela en y con la naturaleza?

¿Acaso no ha llegado el momento de instaurar una nueva relación entre el ser humano y su entorno en la educación para convertir esta escuela con la naturaleza en la revolución pedagógica del siglo XXI?

Este libro pretende ofrecer una síntesis científica sobre esta cuestión, además de acoger propuestas prácticas y concretas con las que poner en marcha esta pedagogía en la naturaleza y transformar así la manera de enseñar.

Un reto ecopedagógico

El reto ecopedagógico que se nos presenta comprende los desafíos medioambientales actuales que es urgente atender, con el fin de disminuir las consecuencias asociadas a los estragos de nuestra sociedad industrial y neoliberal. La cuestión es extensa y sobrepasa el ámbito educativo, pues toca el tema de la relación entre los seres vivos, e incluso la propia definición de «seres vivos».

La crisis sanitaria mundial de 2020 y los sucesivos confinamientos pusieron de manifiesto y aceleraron el debate sobre el ser humano y la naturaleza, así como sobre la importancia de la naturaleza en nuestras vidas. La escuela con la naturaleza es un movimiento donde se consideran los cambios ambientales, las transformaciones climáticas y sus consecuencias.

Acercar a los niños y niñas a la naturaleza y al medioambiente implica concebir la educación de una manera radicalmente diferente. Este movimiento de apertura a la naturaleza no es nuevo. Se trata de una corriente pedagógica antigua y de carácter internacional que, en la actualidad, está experimentando un verdadero y renovado interés. La pedagogía con la naturaleza no supone solo un cambio en el lugar de aprendizaje, sino más bien una reflexión integral sobre la educación a partir de una redefinición del vínculo entre el ser humano y su entorno vegetal y animal.

Esta forma escolar a todas luces diferente de aquella organizada en el aula se inscribe en una historia, unos principios y unas prácticas. La actividad en la naturaleza favorece un mejor estado de salud y el bienestar infantil. Las actividades, los juegos, los momentos en la naturaleza observando, corriendo, cantando, escuchando y sintiendo sirven para aumentar la autonomía y la confianza. El contacto con la naturaleza crea una relación distinta tanto con uno mismo como con el entorno. La presencia de la naturaleza influye en nuestros comportamientos y emociones. Pero la enseñanza al aire libre no se legitima únicamente por el impacto en el aprendizaje escolar y en el bienestar infantil. ¿Acaso el aprendizaje en el exterior no implica una nueva relación pedagógica entre docentes y alumnado, además de una redefinición de la forma escolar? El reto ecopedagógico que propone la escuela al aire libre intenta transformar las prácticas educativas invitando a poner en marcha una enseñanza centrada en el bien común que nos permitiría reconsiderar el lugar del ser humano en los ecosistemas.

Poner en perspectiva y ampliar los debates

No idealizar, ser crítico, observar lo que se hace cerca y en otros lugares y poner en perspectiva son modos de analizar esta escuela al aire libre. A nivel internacional, este movimiento tampoco es reciente. La corriente de las Forest Schools y de las Outdoor Schools ofrece, desde hace más de un siglo, una alternativa educativa real. No es el caso todavía, ni de lejos, en Francia. Sin embargo, los pedagogos de la nueva educación de comienzos del siglo XX —como Maria Montessori, Ovide Decroly o Élise y Célestin Freinet— concibieron y formularon una renovación de la educación, la enseñanza y la escuela mediante la incorporación de una nueva forma escolar, en la que se proponía tanto el aula como los espacios al aire libre como lugares de aprendizaje. Del mismo modo, la importancia del movimiento que vivimos obliga a repensar la forma escolar clásica. Heredada del siglo XVII, el aula es el espacio casi exclusivo para el aprendizaje de los niños y los adolescentes contemporáneos. Reflexionar sobre una escuela al aire libre parece una revolución histórica de la forma escolar.

La escuela en y con la naturaleza hunde sus raíces en esta historia. Las personas que reformaron la educación diseñaron y pusieron en práctica una enseñanza en la que se tenía en cuenta al niño en su totalidad para formular una educación no solo intelectual, sino también corporal y afectiva. No se trata únicamente de un cambio del lugar de aprendizaje. El paso del aula al aire libre representa la afirmación de nuevas metas educativas vinculadas a un proyecto de sociedad, a una visión del mundo del mañana: una imagen concreta del porvenir que deseamos para nuestros hijos.

Un enfoque pedagógico que debemos construir

Convertir la escuela al aire libre en una realidad y en un enfoque pedagógico saludable de educación en la naturaleza mediante la naturaleza es un reto colectivo.[1] Descubrir los elementos naturales es un modo de alejarse del aprendizaje exclusivamente teórico y de desmaterializar los conocimientos para enfrentarse al entorno a través de los sentidos y el cuerpo…

La educación fuera de las paredes del aula no se corresponde necesariamente con el hecho de salir de la escuela, sino con permitir que el alumnado esté en contacto con espacios educativos repensados y vegetalizados. El objetivo es educar en la naturaleza, en lugar de buscar una reconexión con la naturaleza siempre idealizada y mitificada.

[1] M. Fauchier-Delavigne y M. Chéreau, *L'Enfant dans la nature,* París, Fayard, 2019.

Sensibilizar a los niños y niñas sobre el medioambiente implica permitirles jugar, construir cabañas o explorar en libertad un determinado sitio. Son experiencias que ya existen en campamentos de verano o en el escultismo, pero que aquí adquieren un carácter educativo con la adquisición de conocimientos concretos. Las actividades al aire libre se privilegian, con el fin de dar sentido a esos conocimientos.[2] No solo propician exploraciones y momentos de vida social, sino también la adquisición de múltiples competencias en cálculo, vocabulario y comprensión científica, geográfica, histórica o artística.

En la actualidad, estas actividades en el exterior también se consideran importantes para el bienestar, frente a un sedentarismo que multiplica los problemas de salud; en particular, la hiperactividad, la ansiedad, la obesidad y el estrés. Las escuelas que optan por este enfoque pedagógico comparten varios principios: la noción de placer que la naturaleza genera en el niño; la voluntad de una educación integral, donde se tengan en cuenta las diferentes facetas de la personalidad, y la idea de desarrollar una relación con el entorno, así como con los demás. ¿Serán capaces los diversos agentes de la educación, institución escolar, padres, madres y profesionales de la docencia de tomar conciencia de la importancia de estos aspectos para el futuro de los niños y niñas?

Un entusiasmo que permanezca y una integración duradera del aprendizaje

Desde hace un tiempo, proliferan las plataformas en las que se anima a los docentes a salir a la naturaleza con sus clases. Pediatras y médicos han destacado los beneficios de este movimiento para la

---

[2] N. Roux, *À l'école de la nature, on sort!*, París, ESF Sciences Humaines, 2021.

salud infantil, y el Ministerio de Educación francés ha seguido el ejemplo apoyando las iniciativas locales que surgen en gran cantidad de lugares. Pero, tras este aparente consenso, conviene pensar en cómo perpetuar este auge y proponer una auténtica reflexión sobre la enseñanza al aire libre, para que este entusiasmo no sea solo una moda pasajera y derive en otra manera de enseñar.

Más allá del deseo de salir con la clase a la naturaleza y «pasar una mañana al aire libre» con el alumnado, conviene pensar en esta forma de aprendizaje en el seno de la enseñanza que combina la adquisición de conocimientos formales e informales, articulando el aprendizaje fuera de las paredes del aula con aquel que se realiza de manera más conceptual dentro de esta. Si bien los beneficios en términos de bienestar y salud son evidentes, ¿qué ocurre con el nivel de aprendizaje? Ya sean contenidos disciplinarios o transversales, las posibilidades son numerosas, independientemente de la edad del alumnado. En cuanto a los contenidos no formales, vinculados a valores como la cooperación, la solidaridad y el desarrollo del espíritu crítico, también existen numerosas oportunidades para trabajarlos con el alumnado. Conocer las expectativas del profesorado y acompañarlo en este proceso es una labor de gran importancia para la institución educativa.

Una escuela de la alteridad, el bien común y la emancipación

La escuela al aire libre no es emancipadora por sí misma; son las prácticas, las expectativas y las finalidades que se le dan las que permitirán que este enfoque pedagógico contribuya a la instauración de una escuela de la alteridad y la emancipación. Por una parte, nos interesa la cuestión primordial de la renovación de la enseñanza pública y laica. En el marco de una escuela —lugar de aprendizaje, lugar de alteridad para todos y todas–, el rechazo de la segregación, la cuestión de una escuela del bien común y de la solidaridad y la educabilidad de todos forman parte de la lucha social. En un estudio reciente se destaca, de modo preciso, la estrecha relación entre el éxito académico y el contacto con la naturaleza.[3]

En el exterior, se impone una pedagogía activa para poner en valor la actividad intelectual y motriz mediante la experimentación. El juego ocupa asimismo un lugar central en la educación a través de la naturaleza. El niño explora con libertad el medio natural, un ambiente rico para la creatividad y la reflexión (observar, categorizar los elementos que nos rodean: árboles, rocas, hojas, etcétera).

Es necesario aprovechar las oportunidades que se presentan de observar las características del medio, formular hipótesis, debatirlas, cuestionarlas, convertirlas en una lección… Poco a poco, el docente aprende así a suspender lo que tenía preparado para escuchar el canto de un pájaro, ver pasar una bicicleta, sentir el viento que le acaricia el rostro. De este modo, el alumnado aprende a dejarse llevar y a vivir el instante presente. Por medio de la literatura infantil y juvenil, es fácil utilizar en el aula lo que los niños descubrieron en el bosque o en la playa, enriqueciendo sus conocimientos. En la naturaleza, también es posible acceder a contenidos más formales, de matemáticas, por ejemplo: podemos trabajar las nociones geométricas y aritméticas a través del crecimiento de los árboles.

La limitada expansión actual de las escuelas al aire libre nos permite observar los primeros resultados de un enfoque sensorial y cognitivo que tiene en cuenta el desarrollo del niño y promueve experiencias concretas. Esta pedagogía da sentido al aprendizaje de

[3] M. Kuo, M. Barnes y C. Jordan, «Do experiences with nature promote learning converging evidence of a cause-and-effect relationship», *Frontiers in Psychology*, 19 de febrero de 2019.

los niños y las niñas y favorece que el alumnado con necesidades educativas especiales, problemas cognitivos específicos, altas capacidades, etc., aprenda como los demás.

Agrupar las iniciativas locales y evaluar los resultados de la escuela al aire libre son retos clave para integrar, de forma duradera, esta enseñanza en la educación pública y no solo en ella. Impartir clase en el exterior puede permitir esa nueva conexión con la naturaleza, incorporando una reflexión más global sobre la manera de enseñar y los objetivos educativos, y devenir en la revolución pedagógica del siglo XXI.

Una «revolución de terciopelo»

Las personas más cautelosas verán en la escuela al aire libre un capricho circunstancial vinculado a la crisis sanitaria. Sin embargo, esta ambición de una escuela que tenga en cuenta el mundo exterior es, en nuestra opinión, indicativa de un movimiento de fondo relacionado con la transformación de la sociedad que nos ha tocado vivir. No se trata de una pedagogía bienintencionada, sino de una revolución educativa pacífica que, sin suponer una ruptura real con el modelo de enseñanza dominante, puede integrarse en él a modo de alternativa educativa.

¿Cómo crear otro sistema de enseñanza, al margen del clima, fuera del aula? El objetivo es proponer la complementariedad entre las clases en el aula y fuera de ella. El pedagogo belga Ovide Decroly (1871-1932) destacaba ya a principios del siglo XX que «el aula es para cuando llueve», lo cual equivale a afirmar que, si bien el aula ocupa un papel, se debe priorizar el aprendizaje concreto relacionado con el entorno natural.

En el presente, el objetivo también incluye el deseo de que sea una enseñanza para todos, tanto en zonas rurales como urbanas.

Las perspectivas son múltiples y complementarias: concebir de otro modo los espacios escolares, la relación con el entorno natural y el aprendizaje académico y no académico. Tras la idea de una escuela al aire libre, desde un consenso aparente, conviene articular un argumentario y unas líneas maestras, pero también líneas divisorias, pues no se trata solo de estar al aire libre, sino de participar en la escuela del mañana sobre el modelo de la nueva educación.

Con el fin de dar respuesta a esta serie de interrogantes, con este libro, se pretende vincular de manera estrecha la reflexión histórica y teórica con la voluntad igual de firme de delinear perspectivas concretas y prácticas. La escuela en y con la naturaleza ofrece la oportunidad de reflexionar sobre nuestro sistema educativo y actuar para transformarlo. Por tanto, con este libro, se pretende perfilar los contornos de este enfoque pedagógico del siglo XXI.

En el primer capítulo, se abordará la antigua cuestión del vínculo entre naturaleza y educación, un tema amplio que trasciende el asunto de la escuela al aire libre. Desde una perspectiva histórica, nos detendremos en los lazos entre «sociedad» y «naturaleza», y, en particular, entre «naturaleza» y «cultura». A continuación, destacaremos la influencia de las imágenes idealizadas, y en ocasiones sacralizadas, de la naturaleza, para acto seguido precisar nuestra visión de una filosofía y un sentimiento de la naturaleza en consonancia con las del geógrafo Élisée Reclus. Por último, analizaremos en qué medida «educar en la naturaleza» exige tener en cuenta los desafíos ambientales del presente, con el fin de definir la ecopedagogía crítica y emancipadora a la que aspiramos.

El segundo capítulo se centra en la relación entre el movimiento de la nueva educación que se desarrolla a principios del siglo XX y la naturaleza. Al teorizar sobre una educación integral, popular y emancipadora para todos y todas, pedagogos como Ovide Decroly o Élise y Célestin Freinet establecieron la necesidad de conectar el aprendizaje en el aula con el que se produce al aire libre. En este sentido, la clase paseo es un ejemplo emblemático de una herramienta al servicio de otro tipo de educación. Además, los educadores de la nueva educación, a partir de Ovide Decroly, definieron y aplicaron un programa de escuela en la vida de acuerdo con las necesidades y el ritmo de los niños y niñas, y el método pedagógico de los centros de interés, que integró esa unión entre el aula y el mundo exterior.

El tercer capítulo nos permite, tras el establecimiento de puntos de referencia históricos, analizar el carácter internacional de esta escuela fuera del aula con la constitución del movimiento de las Forest Schools, una antigua corriente internacional que diseña un paradigma pedagógico alternativo fuera del aula.

En el cuarto capítulo, se exponen las aportaciones y las características de una enseñanza en y con la naturaleza. Desde una perspectiva más concreta, hemos querido establecer los ejes de esta enseñanza, como proyecto global escolar y familiar, pero también como forma de tener en cuenta al niño en su totalidad para comprender todos los beneficios de esta inmersión en la naturaleza.

El capítulo quinto está dedicado a la enseñanza con la naturaleza en la ciudad. Este aspecto es tanto más importante en cuanto que la mayoría de la población vive en ciudades o en zonas periurbanas. Pensar y sostener en el tiempo esta escuela con la naturaleza requiere reflexionar sobre una enseñanza que no tiene por qué impartirse necesariamente fuera de la escuela, sino en el seno de una escuela naturalizada que ofrece multitud de actividades y prácticas pedagógicas.

En el capítulo sexto, se detallan los primeros pasos para emprender la aventura de la escuela con la naturaleza; una revolución silenciosa que exige un conocimiento profundo de uno mismo, de las expectativas y de las posibilidades existentes para poner en marcha este cambio de paradigma pedagógico.

En el capítulo séptimo, se define esta «revolución de terciopelo» como una transformación sostenible y global de la enseñanza. Este cambio pedagógico nos obliga a repensar nuestra actitud, nuestra manera de enseñar, los espacios escolares y la forma de entender la educación; una revolución pacífica pero de calado en favor de una escuela de emancipación individual y colectiva.

I
LA NATURALEZA Y LA EDUCACIÓN

La escuela en y con la naturaleza exige comprender el propio concepto de «naturaleza»; noción polisémica, ya que el término posee una historia, o varias historias, representaciones y numerosas interpretaciones.

El análisis del vocablo conforma un tema en sí. Limitaremos nuestra reflexión a las conexiones existentes entre «educación» y «naturaleza». Enseñar en y con la naturaleza subraya la necesidad de aclarar determinadas posturas de esta relación del ser humano con su entorno; una larga historia que, en la actualidad, ocupa el centro de los debates sociales y políticos.

La concienciación sobre una educación a cielo abierto permite comprender sus metas.

Al proponer un nuevo enfoque del concepto de «naturaleza» en educación, el objetivo es tomar conciencia del hecho de que los seres humanos son parte integrante de la naturaleza y de que la oposición entre los seres vivos ya no resulta operativa dentro de un planteamiento educativo integral y activo. Para aclarar esta idea, nos centraremos en cuatro puntos.

En primer lugar, conviene abordar el nexo entre «sociedad» y «naturaleza», símbolo de esta dicotomía histórica entre los seres humanos y la naturaleza en nuestra sociedad. Es este un vasto tema que merece algunas consideraciones que permitan esclarecer los desafíos actuales de la educación de la naturaleza y por la naturaleza.

En segundo lugar, la naturaleza estuvo, y todavía lo está en buena medida, idealizada y sacralizada, lo cual condiciona nuestra visión de una educación en la naturaleza. Existe un mito que necesita ser conocido, pues la imagen de una naturaleza moralmente buena o mala, o incluso nutricia, pone de relieve la importancia de las representaciones de la naturaleza en nuestras sociedades.

En tercer lugar, debemos replantearnos nuestras reflexiones y considerar al ser humano como parte de un conjunto de seres vivos sobre el planeta. Esta filosofía de la naturaleza, desarrollada en el siglo XX por Élisée Reclus, es un punto de referencia clave para nosotros, pues apuesta más por la idea de una educación en la naturaleza que por una reconexión.

Interpretar lo vivo en el sentido de todo ser humano, animal y vegetal perfila una visión humanista y fraternal de esta educación por la naturaleza que nos gustaría vertebrar. Por último, la urgencia de abordar los desafíos ambientales impone una transformación educativa, una ecopedagogía emancipadora. ¿Podría afianzarse, convirtiendo la naturaleza en un centro de interés, en un eje del aprendizaje y en el motor de una educación democrática y emancipadora?

El nexo «sociedad» y «naturaleza»

Las conexiones entre «sociedad» y «naturaleza» son un tema complejo por derecho propio. «Medioambiente», «ecúmene», «Antropoceno», «seres vivos», todos estos términos subrayan, a su modo, los contornos de la terminología de una naturaleza vinculada a las sociedades humanas.

La reciente crisis sanitaria, el cambio climático y el deterioro de la biodiversidad nos obligan a repensar nuestra relación con la naturaleza. El *Homo sapiens,* que existe desde hace tan solo unos cientos de miles de años, está destruyendo una naturaleza que consideraba «eterna»,[4] hasta el punto de poner en peligro los propios fundamentos de su vida. El estudio crítico de la relación entre los seres humanos y la naturaleza, que ya en la Antigüedad constituyó una dicotomía filosófica esencial, sigue estando vigente. Con el fin de desgranar las expectativas y los objetivos de una educación en y con la naturaleza, a continuación, esbozaremos unas cuantas ideas.

«Naturaleza» y «cultura»

La oposición «naturaleza» y «cultura» transmite la idea de dominación de la naturaleza por parte del ser humano, una dominación y una conquista simbólica de esta superioridad de la cultura sobre la naturaleza.

La «educación», una construcción social y política, perpetuó históricamente tal dicotomía. No obstante —y, aparentemente, esto conforma una primera paradoja—, los educadores nunca dejaron de incluir la naturaleza entre sus preocupaciones. Tanto las religiones como los diferentes sistemas educativos difundieron la concepción de una naturaleza nutricia, incluso maternal. La transición de la oposición entre «cultura» y «naturaleza» hacia una visión del ser humano integrado en el ecosistema forma parte de un trabajo preliminar para la pedagogía fuera del aula. Convertir al ser humano no solo en un puente entre «naturaleza» y «cultura», sino sobre todo en un elemento más de esta naturaleza, es uno de los puntales de la reflexión global para una educación contemporánea con la naturaleza.

[4] Y. N. Harari, *Sapiens. Una breve historia de la humanidad,* Barcelona, Debate, 2015.

El polisémico vocablo «naturaleza» reagrupa en una vasta definición el conjunto de animales, plantas y factores abióticos del medio. Simultáneamente medio y mundo natural, la «naturaleza» sin duda se definió en contraposición a lo «antrópico», a la «cultura». Sin embargo, la naturaleza también es una construcción social, cultural y religiosa. La oposición creada entre «naturaleza» y «cultura» establece el modelo de la historia de una naturaleza marginada, domesticada y transformada por el ser humano y la cultura.

Asimismo, la «naturaleza» se define como un ecosistema. Los términos «medio» y «mundo natural» destacan la importancia de este ecosistema de seres vivos humanos, animales y vegetales. La noción de «naturaleza» remarca la multiplicidad de lazos y relaciones, pero también las concepciones entre los seres humanos y los no humanos. Este mundo natural adquiere, desde mediados del siglo XX, una importancia jurídica con motivo de la primera Conferencia de las Naciones Unidas sobre el Medio Ambiente celebrada en Estocolmo en 1972, y de nuevo en 1992, con ocasión de la Declaración de Río, donde se reconoció la responsabilidad de los Estados de velar por ese medioambiente.

¿Existe todavía la naturaleza tal y como se la representa? El término «naturaleza» procede del latín *natura*, que deriva a su vez de *natus*, el participio del verbo *nasci*, que significa «nacer». Por consiguiente, es el lugar donde el ser humano nace y gracias al cual crece. Por su parte, «cultura» viene del latín *cultus*, forma del verbo *colere*, que significa «cultivar». La especie humana es bastante reciente en la historia de la evolución de la vida. Es necesario tomar conciencia de que las especies más antiguas tienen mucho que enseñarnos, por sus adaptaciones (lucha contra los insectos, enfermedades). Esta perspectiva, profundamente arraigada en nuestra cultura, muestra al ser humano en la cima de la pirámide, mientras que los organismos que se consideran más simples, como las bacterias o las plantas, se colocan en la parte inferior. Sería más exacto integrar al ser humano en el mismo nivel que las bacterias, los hongos o las plantas, como un eslabón en esta naturaleza, para así comprender la interacción entre las especies.

«La naturaleza humana»

La valorización de la naturaleza en relación con el ser humano se percibe ya en la Europa humanista del Renacimiento, pese a que fue en el siglo XVIII cuando Jean-Jacques Rousseau determinó el carácter sensible de la naturaleza y la posible superación de la oposición entre «naturaleza» y «sociedad». En este sentido, Rousseau puede considerarse un precursor de la idea de «ecología». Rémi Beau lo señala como uno de los primeros pensadores occidentales en defender la necesidad de una conexión entre «naturaleza» y «democracia».[5] Parte de su pensamiento fue retomado por el movimiento romántico bajo la apariencia de la exaltación de la naturaleza frente a la crítica de la sociedad. Pero el sentimiento de la naturaleza que desarrolla Rousseau consiste, en esencia, en la impugnación del papel omnipotente del hombre sobre ella y en la idea de que la oposición entre «naturaleza» y «sociedad» es superable. Este naturalismo es también una sensibilidad hacia la naturaleza, tanto animal como vegetal. La emancipación de la naturaleza, su belleza, el deslumbramiento ante los paisajes, los árboles y los animales participan de ese proceso sensible. En el romanticismo, se exalta esta naturaleza idealizada, su fuerza e incluso su resistencia.

[5] R. Beau, «Les éthiques environnementales aux bords du politique. Esquisse d'un perfectionnisme écocentrique. Éthiques environnementales et politiques: convergences et perspectives», *Vertigo*, HS 32, abril de 2020.

Algunos protectores de la naturaleza prolongaron esta concepción dualista. Así, la *wilderness*, un concepto de los ambientalistas estadounidenses de comienzos del siglo XX, destinado a sacralizar los espacios naturales libres de cualquier ocupación humana, considera lo humano como exterior a la naturaleza «salvaje» y refuerza la idea de una oposición entre «natural» y «artificial», «salvaje» y «doméstico», «naturaleza» y «cultura». Esta visión contribuye a «perpetuar las relaciones de fuerza existentes».[6]

Esta es la cuestión del estatuto de lo vivo que plantea la naturaleza. Para la educación, el vínculo entre los seres vivos debe permitir la expansión de relaciones de ayuda mutua, de cooperación, de conocimiento de uno mismo y de los demás a través del aprendizaje de la empatía, para un desarrollo armonioso entre lo intelectual, lo emocional y lo corporal; una noción humanista de lo vivo como tal en la que el ser humano no está disociado de esta naturaleza, sino que es parte interesada.

La naturaleza en la época del Antropoceno

¿Cómo definir la «naturaleza» en la época del Antropoceno? La «ecúmene», la tierra habitada de los antiguos geógrafos griegos de la Antigüedad, adoptó una definición más global desde finales del siglo XX. Para Augustin Berque, la «ecúmene» permite dejar de dividir la parte humanizada y no humanizada del planeta.[7]

El término «Antropoceno» designa, por tanto, esta nueva época: la era del ser humano. Para Paul J. Crutzen, la conclusión es clara: las actividades humanas modificaron todo el ecosistema planetario.

---

[6] C. Larrère y R. Larrère, *Penser et agir avec la nature*, París, La Découverte, 2015.

[7] A. Berque, *Écoumène. Introduction à l'étude des milieux humains*, París, Belin, 2000.

Así pues, conviene pensar este Antropoceno en términos del impacto del hombre sobre el medioambiente y ya no desde la división entre el ser humano y su entorno.

Con la era del Antropoceno, el hecho de que los humanos vivan en la naturaleza, reflexionen sobre ella, influyan en ella y sean influidos o formados por ella se ha convertido —debido a su evidencia y a su alcance, ligadas a los efectos sobre el clima y lo vivo— en un fenómeno central en la cultura y la reflexión científica, hasta el punto de cambiar las categorías de las ciencias físicas: la idea de que «el medioambiente no es un dato, un simple entorno o decorado de la vida humana, sino una construcción teórica en la que se interpretan y se discuten las condiciones de la vida en común».[8] Por tanto, los vínculos entre todos los seres vivos perfilan un proyecto político y social.

«El hombre y la naturaleza», fragmento del discurso de François Mitterrand (Grenoble, 16 de abril de 1981)

«Desde que el hombre es hombre, ha estado sometido a la naturaleza. Oh, sin duda, todavía hoy experimenta revueltas victoriosas; pienso en los movimientos sísmicos, en los temblores de tierra; pienso en las erupciones volcánicas; pienso en los tifones, en los maremotos, en las epidemias y en mucho más: es evidente. Pero, en la actualidad, el hombre ha invertido la situación. Hoy en día, el hombre es capaz de destruir la naturaleza e, ignorando su poder, la destruye y, destruyendo la naturaleza, se destruye a sí mismo, porque él es la naturaleza.

[8] N. D'Almaida, «De l'environnement au développement durable, l'institution d'un objet et la configuration d'une question», *Communication & Organisation*, 26, 2005, pp. 12-24.

Esto es lo que un socialista debe recordar constantemente a la sociedad economicista, mecanicista, a la sociedad de la automatización que los falsos liberales de hoy en día promueven. No podemos dejar que las cosas sucedan sin más o nuestro oxígeno, el agua de nuestros ríos, la calidad de nuestros bosques, el equilibrio natural, nosotros mismos, en la ciudad, en el campo, estemos donde estemos, seremos arrastrados por el mal. Pero ¿cuál es la respuesta? La respuesta no puede ser independiente de la política, del mismo modo que no podemos ignorar la economía. ¡No basta con lamentarse! ¡No basta con decir: regresaremos al año cero! No debemos limitarnos a afirmar que rechazamos el crecimiento. En cambio, sí tenemos derecho a decir que hay que cambiar de modelo de crecimiento. Sin embargo, también debemos pensar, como he mencionado antes, en los miles de millones de seres humanos que necesitan crecer, y que hay muchos entornos sociales en nuestra sociedad que esperan más creación de objetos para vivir mejor en el futuro. Quiero decir que los socialistas necesitan definir una nueva filosofía de la existencia en torno a las nuevas relaciones entre el hombre y la naturaleza.»[9]

Concepciones diversas de la naturaleza para enseñar

Los docentes se plantean diversas concepciones de la «naturaleza», desde la perspectiva que la representa sin la especie humana, como algo que respetar y preservar —lo cual privilegia el enfoque sensible—, hasta su definición como recurso del que el ser humano dispone para explotarlo o adaptarlo; esto es, como un ecosistema que hay que comprender y cuyo estudio se fundamenta en las relaciones entre las formas de vida. Este planteamiento contribuye

[9] «El hombre y la naturaleza», fragmento del discurso de François Mitterrand (Grenoble, 16 de abril de 1981); en línea: <https://jean-jaures.org/nos-productions/francois-mitterrand-en-meeting-grenoble-16-avril-1981>.

magistralmente a favorecer las prácticas pedagógicas cooperativas, de intercambio y de ayuda mutua, además de permitir inculcar el valor de la responsabilidad, tanto individual como colectiva.

Por último, existe una visión a través de la cual el ser humano forma parte de la naturaleza y que se refleja, por ejemplo, en el pensamiento animista y en las prácticas chamánicas de los pueblos amazónicos. El «animismo» es la creencia en un alma; en una fuerza vital que anima a los seres vivos, a los objetos y a los elementos naturales. Se opone a la concepción denominada «recursista» de la naturaleza. En el pensamiento occidental, esta reflexión nos conduce a conceder un valor jurídico a la naturaleza y derechos a lo no humano, una revolución desde Descartes...

En 2015, la adopción de un estatuto jurídico de los animales en el Código Civil francés ilustra a la perfección esta perspectiva. Hoy en día, los animales están reconocidos de manera oficial como seres vivos dotados de sensibilidad. Esta solidaridad entre los vivos guarda relación directa con ese sentimiento de pertenencia a nuestro medio de vida. La construcción de esta solidaridad entre los vivos subraya la importancia de los valores de responsabilidad, autonomía y solidaridad.

Pero ¿cómo revisar su significado con el fin de crear nuevas formas de cooperación más inclusivas, en las que humanos y no humanos se asocien para dinamizar esa red de complejas relaciones entre los seres vivos? Esta reflexión interpela, con toda legitimidad, al mundo de la educación, en el sentido de que en la actualidad parece más necesario y vital que nunca, para los occidentales, fortalecer el vínculo con la naturaleza que nos rodea.

Cuestiona, en particular, la formación inicial y continua de los profesionales de la educación, que deben permanecer extremadamente vigilantes para que esas prácticas en el medio natural, por muy nobles que sean, no conduzcan a una mercantilización de la naturaleza.

Los mitos de la naturaleza en la educación

La idea de una relación entre la educación humana y la naturaleza no es nueva. La historia de la educación ofrece ejemplos en los que la naturaleza ocupa un papel central en el aprendizaje y el desarrollo del niño.

Este interés se asienta en los educadores desde la Antigüedad, se refuerza durante el Renacimiento y cobra un nuevo impulso en el Siglo de las Luces. Así, desde finales del siglo XVIII, la «naturaleza» puede considerarse de tres maneras en los discursos pedagógicos: simboliza y modela el crecimiento y el desarrollo del niño; ofrece entornos propicios para la enseñanza y el aprendizaje, en tanto que proporciona materiales educativos ricos y variados, y se convierte en un objeto de enseñanza y aprendizaje que permite que el niño se abra al mundo.

Estas tres dimensiones se concretan en las doctrinas pedagógicas y se debaten durante el proceso de construcción e implementación de la forma escolar moderna y la puesta en marcha de la instrucción pública en el siglo XIX.

Pero ¿tuvo en cuenta esta estructura educativa las representaciones de la naturaleza? Pensar en la escuela en y con la naturaleza exige tomar conciencia de que nuestra historia se fundamenta en su idealización, incluso en su sacralización. Concebir la naturaleza como una e indivisible, y dotada de sus propias leyes, o moralizar los fenómenos naturales, incide de modo evidente en la manera de enseñarla y en las conexiones entre las futuras personas adultas en las que se convertirán los alumnos y las alumnas. El desarrollo del espíritu crítico y la lucha contra las creencias pasan por este conocimiento de nuestra historia con respecto a la naturaleza.

La sacralización de la naturaleza

La corriente histórica de sacralización de la naturaleza suele ir unida a un enfoque religioso, y la concibe como verdadera, sincera y generosa, pero también cruel; en consecuencia, tendría valores morales. Esta relación entre el ser humano y la naturaleza conformada por supersticiones y creencias con connotaciones morales y religiosas no conduce a una reflexión educativa constructiva, crítica y laica.

Sin embargo, enseñar al alumnado los diversos mitos existentes es un paso hacia el conocimiento de la naturaleza. Cuando se percibe la idea de la generosidad de la naturaleza, de una «madre naturaleza» protectora y nutricia, se puede y se debe deconstruir esa representación para trabajar sobre la evolución histórica de nuestras propias representaciones.

La sacralización de la naturaleza a menudo incluye la definición de una naturaleza «virgen» o «salvaje» donde el hombre no ha dejado su huella, un mundo inexplorado. Estos lugares ya no existen en la actualidad, pero contribuyen a mantener la idea de una naturaleza moral, redentora, sublime y sublimada. Al convertir la naturaleza en un espacio estático e idealizado, esta se transforma en un dogma y un elemento de religiosidad.[10]

La antropomorfización de la naturaleza y su posible moralización

En el mismo orden de ideas, la antropomorfización de la naturaleza es un elemento vertebrador de la historia cultural y religiosa de

[10] L. E. Sponsel, *L'Écologie spirituelle*, Lachapelle-sous-Aubenas, Hozhoni, 2017.

nuestras civilizaciones. Esta concepción, desde los mitos antiguos hasta los cuentos de Perrault, subraya la domesticación del mundo y de un entorno ligado a los valores morales. Tal moralización desemboca, de forma inevitable, en la lectura de «leyes de la naturaleza», una deriva a menudo vinculada con la idealización de la naturaleza y la tierra. Se trata, al fin y al cabo, de un determinismo ambiental que surge de la idea de la atemporalidad de la naturaleza y de la superioridad de sus leyes sobre las de los hombres.

Este escollo y esta deriva se encuentran en parte en la educación desde finales del siglo XVII con esa ambivalencia sobre la naturaleza, lugar de aprendizaje, de conocimiento del mundo rural y, a la vez, fuente para la ensoñación y el imaginario mediante el paseo. La naturaleza se aureola de una autenticidad y una veracidad que ya no están vinculadas a la educación, sino a un modelo y a una moraleja (fábulas de La Fontaine). Esta corriente educativa «naturalista» teorizada por Rousseau sigue siendo un elemento vertebrador para comprender esta educación con y en la naturaleza.

La domesticación de la naturaleza

Una arraigada corriente histórica desarrolla la oposición entre el «ser humano» y la «naturaleza», al proponer la domesticación de esta. La sociedad industrial del siglo XIX puso en marcha esa domesticación en nombre de una sociedad fundada en el uso ilimitado de los recursos naturales.[11]

Una educación en el exterior exige una reflexión sobre la ruptura del dualismo entre el «hombre» y la «naturaleza». El objetivo no es idealizarla ni permitir una pedagogía basada en ella solo para unos

[11] J.-B. Fressoz (dir.), *Introduction à l'histoire environnementale*, París, La Découverte, 2014.

pocos, sino repensar nuestra relación con la naturaleza mediante una educación emancipadora y para todos y todas.

Élisée Reclus, ¿una filosofía de la naturaleza para hoy?

A través del geógrafo Élisée Reclus (1830-1905), un precursor de la ecología, descubrimos una reflexión crítica y original sobre la filosofía y el sentimiento de la naturaleza. Más allá de la cuestión del dominio y la armonía del hombre con la naturaleza, define el lugar que puede ocupar el ser humano en el marco de la ecúmene. Al vivir entre otros seres vivos, los seres humanos lograrán encontrar su espacio gracias a sus valores altruistas. El problema ya no reside en la división de los diferentes elementos del entorno, sino más bien en la complementariedad. No se trata de concebir la naturaleza sin el hombre que la deifica. La presencia humana, en última instancia relativamente reciente en comparación con la de otras especies, implica repensar el conjunto del ecosistema. La base de su reflexión es la toma de conciencia del lugar que ocupan los seres humanos en el ecosistema.

El sentimiento de la naturaleza

En el artículo titulado «Del sentimiento de la naturaleza en las sociedades modernas»,[12] Élisée Reclus explica su original visión de los lazos que unen a los seres humanos con la naturaleza, lo cual hace que se anticipe a la ecología. Dejando a un lado los debates sobre el dominio o la conquista de la naturaleza y la idea más actual

---

[12] É. Reclus, «Du sentiment de la nature dans les sociétés modernes», *Revue des deux mondes*, 63, 1866, pp. 352-381.

de una conexión, el geógrafo destaca el vínculo intrínseco existente entre el ser humano y su entorno.

Los trabajos de Friedrich Schelling (1775-1854) o de Alexander von Humboldt (1769-1859), representantes de la *Naturphilosophie* alemana, influyeron en esta teoría de Reclus, según la cual el ser humano no puede separarse de la naturaleza, lo cual perfila una ética fundamentada en la libertad y en el rechazo a cualquier forma de dominación. A partir de sus reflexiones y observaciones, Reclus propone una auténtica educación emancipadora en la naturaleza.

Escrito en 1866, este texto sorprende por la relevancia y la actualidad de su conclusión. Nos muestra que el entusiasmo por la naturaleza no es nuevo: «Desde hace tiempo, existe un verdadero fervor en los sentimientos de amor que unen a los hombres de arte y ciencia con la naturaleza».

Reclus lamenta la violenta y brutal conquista de la naturaleza por las actividades humanas y la avaricia de unos pocos: «No podemos dejar de denunciar la brutalidad con la que se produce esta toma de posesión». Reclus llega a considerar esta violencia como una señal de la posible desaparición de la humanidad:

> Se establece una armonía secreta entre la tierra y los pueblos a los que esta nutre, y cuando las sociedades imprudentes se permiten poner las manos sobre lo que embellece sus dominios, siempre acaban por arrepentirse. Allí donde el suelo se ha depauperado, allí donde toda poesía ha desaparecido del paisaje, la imaginación se extingue, los espíritus se empobrecen, la rutina y el servilismo se apoderan de las almas y las condenan al letargo y a la muerte.

Teme que esta negligencia con la naturaleza permita que las sociedades humanas se deslicen hacia el autoritarismo político y las creencias religiosas:

> Entre las causas que, a lo largo de la historia de la humanidad, provocaron la desaparición de tantas civilizaciones sucesivas, cabría

mencionar en primer lugar la brutal violencia con la que la mayor parte de las naciones trataban a la Madre Tierra. Talaban los bosques, dejaban secar las fuentes y desbordarse los ríos, deterioraban los climas, rodeaban las ciudades de zonas pantanosas y pestilentes; más tarde, cuando la naturaleza, profanada por ellos, se les volvía hostil, la aborrecían e, incapaces de retornar como los salvajes a la vida de los bosques, se dejaban embrutecer cada vez más por el despotismo de sacerdotes y reyes.

La fuerza y la originalidad de su reflexión reside en conectar al hombre con la naturaleza sin establecer fronteras entre las entidades humanas, animales y vegetales, pensando así en términos de unidad de la ecúmene. Con este sentimiento de naturaleza, Reclus apela finalmente a una educación sobre la naturaleza y en la naturaleza:

> Es necesario que el estudio directo de la naturaleza y la contemplación de sus fenómenos se conviertan para cualquier hombre completo en uno de los elementos primordiales de la educación; también es necesario desarrollar en cada individuo la habilidad y la fuerza musculares, con el fin de que escale las cimas con alegría, mire los abismos sin temor y mantenga en todo su ser físico ese equilibrio natural de fuerzas sin el cual uno siempre percibe los lugares más bellos a través de un velo de tristeza y melancolía.

«La humanidad es la naturaleza que adquiere conciencia de sí misma»

En los dos volúmenes de su obra *La Terre. Description des phénomènes de la vie du globe*,[13] Élisée Reclus reitera su concepción de la naturaleza:

[13] É. Reclus, *La Terre. Description des phénomènes de la vie du globe*, vols. 1 y 2, París, Hachette/BnF, 2017 [1868-1869]. Entre 1888 y 1892, se editó en Madrid una versión en español.

un todo que posee un equilibrio precario y frágil. El hombre, como uno de los elementos de ese mundo natural, debe ser consciente de la influencia que ejerce en él. Para el geógrafo, la «naturaleza» es un ecosistema en perpetuo movimiento, dinámico, que a veces violenta al conjunto, como cuando se producen erupciones volcánicas o terremotos. Así pues, el ser humano debe asumir e integrar ese poder y ese proceso dinámico, y, al mismo tiempo, tomar conciencia de su papel en relación con la naturaleza.

La naturaleza, no domesticada, sino observada y practicada, es una posible libertad para el ser humano. El primer volumen de la obra concluye con esta frase: «Recorrí el mundo como hombre libre; contemplé la naturaleza con una mirada a la vez cándida y orgullosa, recordando que la antigua Freya era simultáneamente la diosa de la Tierra y de la Libertad».

En su enciclopedia de seis volúmenes titulada *L'Homme et la Terre*,[14] Élisée Reclus ofrece una definición igualmente innovadora y contemporánea acerca de la relación entre el ser humano y la naturaleza. El medio es un todo en el que el ser humano solo es un elemento que interactúa con el resto de los seres vivos: «La humanidad es la naturaleza que adquiere conciencia de sí misma».

En esta obra, profundiza en la necesidad de que el ser humano esté en contacto con la naturaleza. La ruptura y la oposición, como el dominio del hombre sobre la naturaleza, serían los elementos de una posible deriva y, para el hombre, sinónimo de pérdida de su propia libertad. Esta modestia del ser humano hacia la naturaleza es el corolario de esta educación sobre la naturaleza.[15] La acción humana existe, pero debe ser capaz de pensar en las consecuencias

[14] É. Reclus, *L'Homme et la Terre*, 6 vols., París, Librairie Universelle, 1905-1908. Existe traducción al español: *El hombre y la Tierra*, Barcelona, Maucci, 1909.

[15] A. Berque, *op. cit.*

para el ser humano y para los demás seres vivos y el conjunto de la naturaleza:

> El hombre, ese «ser racional» que tanto se jacta de su libre albedrío, no puede, sin embargo, independizarse de los climas y de las condiciones físicas de la zona que habita. Nuestra libertad, en nuestras relaciones con la Tierra, reside en reconocer sus leyes para conformar nuestra existencia en ellas. Sea cual sea la relativa facilidad de movimiento que nuestra inteligencia y voluntad hayan conquistado, seguimos siendo productos del planeta: unidos a su superficie como imperceptibles *animálculos,* somos arrastrados por todos sus movimientos y dependemos de todas sus leyes.[16]

Educarse en la naturaleza

Ya en el siglo XVIII, Jean-Jacques Rousseau abogaba por una educación armoniosa de los seres humanos con el entorno. En la actualidad, conviene establecer una enseñanza en y a través de la naturaleza que tenga en cuenta la urgencia de los desafíos ambientales.

La urgencia de abordar los desafíos ambientales

La urgencia de abordar los desafíos ambientales es evidente. La aceleración del cambio climático no puede dejarnos indiferentes. ¿Cómo podemos combatir la destrucción humana del planeta? Estamos presenciando el fin de un ciclo que se inició en el siglo XIX; la industrialización, el uso desconsiderado e irreflexivo de los recursos, el aprovechamiento en beneficio de unos pocos y las desigualdades humanas, materiales y financieras, exigen hoy acciones urgentes.

---

[16] *Ib.*

Sobre las bases de esta constatación, debemos impulsar una educación diferente para una sociedad diferente. La escuela al aire libre es un elemento clave para ello.

La transición ecológica: una educación para una sociedad diferente

La «transición ecológica» nos obliga a repensar con urgencia nuestro modelo de sociedad y preparar el terreno para una crítica radical de la presente situación, con el fin de inventar un futuro. A través de la educación, es posible modificar los comportamientos humanos. Es posible crear una sociedad distinta. No se trata de una utopía, sino del principio de una realidad. El entusiasmo por la escuela al aire libre es, en parte, una consecuencia de esta concienciación ecológica.

Estamos viviendo un fenómeno irreversible, aún más extremo porque parece no acabar de instalarse una conciencia colectiva sobre las dificultades a las que nos enfrentamos ni tampoco se toman las medidas necesarias para luchar contra ellas. Sin embargo, las evidencias científicas existentes, así como la movilización sin precedentes de un sector de los jóvenes, solo nos conducen a abrir los ojos. El *statu quo* solo beneficia a quienes ya se están aprovechando de la coyuntura actual. En este sentido, la reflexión educativa es también una reflexión democrática.

No basta con que los desafíos ambientales formen parte del diseño curricular. La transición ecológica no puede limitarse al estudio del desarrollo sostenible ni a un apartado del libro de texto ni a un tema del programa. Un dictamen de 2013 del Consejo Económico y Social francés dejó clara la necesidad de movilizar e integrar los asuntos relacionados con la ecología y la sostenibilidad en la enseñanza, en todos los niveles. Introducir los temas ambientales en la educación implica replantearse la forma escolar y la separación artificial de las asignaturas mediante la creación de una pedagogía de centros de interés verdaderamente activa que dé sentido a los contenidos educativos y ecológicos, así como al compromiso individual y colectivo.

Régis Debray, *Le Siècle vert* [*El siglo verde*]

«Toneladas de residuos plásticos a la deriva en los mares [...], islas y costas expuestas a inundaciones y migrantes climáticos no son fantasías. Están ahí mismo, irrecusables, y los daños son irreversibles. Lo que Fausto, en suma, había olvidado, y nosotros con él, es que el hombre es parte integrante, no dominante, de la Naturaleza. Se creía superior a ella y se descubre en su interior. Antes de mirarse el ombligo considerándose ser hablante, racional y sociable, el bípedo sin plumas, cómo hemos podido olvidarlo, es un ser vivo. Y, en los últimos 250 millones de años, nueve de cada diez especies vivas han desaparecido. ¿A quién le toca ahora?»[17]

Los «jóvenes» se están comprometiendo de forma activa con este tema. La huelga escolar iniciada por Greta Thunberg en septiembre de 2019 es una llamada de atención sobre la urgencia de actuar por el clima y, al mismo tiempo, sobre la importancia que hay que darle a la escuela. La pregunta que se plantea es: «¿Para qué ir a la escuela si no hay futuro?». Por más singular que sea, esta forma de protesta por sí sola no es suficiente, pese a que puede ser un paso para demostrar la inacción de la mayoría de los países frente al problema climático. También ilustra el hecho de que los jóvenes aún confían en la posibilidad de salvar el clima y en nuestra capacidad colectiva.

[17] R. Debray, *Le Siècle vert*, París, Gallimard, 2020, p. 11.

La actuación a favor del clima de las nuevas generaciones actuales, como los «viernes por el clima», afirma la importancia de su papel en la sociedad: son el futuro de nuestro mundo, y el futuro de nuestro planeta es el suyo. Sus protestas ponen de manifiesto el inmovilismo de los gobernantes en materia ambiental y, si bien adoptan los 17 Objetivos de Desarrollo Sostenible (ODS) publicados por las Naciones Unidas en 2015, intentan acelerar la agenda prevista. ¿No son las huelgas escolares, por su singularidad, una herramienta para provocar una toma de conciencia real sobre la urgencia de la transición ecológica? Esta se ha convertido ya en una necesidad y demanda una educación diferente.

La transición ecológica también cuestiona nuestro modo de vida y su futuro. Es una cuestión educativa fundamental para comprender nuestro pasado y nuestras actuaciones, y para preparar el porvenir. Si, desde una perspectiva política, la declaración de una emergencia ecológica se hace cada vez más evidente, en la educación, no solo se debe tener en cuenta esta realidad, sino que debe convertirse en una preocupación principal y concreta. La transición ecológica consiste en repensar nuestras relaciones con los demás, nuestra responsabilidad en la contaminación, en la destrucción de nuestro entorno animal y vegetal, en los conflictos armados y en la perpetua humillación de las sociedades y comunidades humanas. Esta reflexión impacta en todo nuestro sistema de pensamiento y de actuación para el futuro, y la escuela en y con la naturaleza es un medio para lograrlo.

Una ecopedagogía crítica y emancipadora

La ecopedagogía, que surge de las reflexiones del pedagogo Paulo Freire, defiende la incorporación al aprendizaje de los desafíos ecológicos y la concienciación sobre ellos. Movimiento filosófico y educativo al mismo tiempo, asocia la lucha ecológica con una pedagogía que integra la comprensión de los daños causados a la naturaleza por la sociedad industrial. Fundamentalmente anticapitalista, en busca de otra manera de producir, la ecopedagogía enfatiza la importancia de vincular el proyecto educativo con el social. En 1999, con ocasión del primer encuentro internacional de ecopedagogía, se adoptó La Carta de la Tierra, que contiene sus principios fundadores.[18]

Los principios de la ecopedagogía

— El planeta Tierra es una comunidad única.

— La Tierra es un organismo vivo y en evolución.

— Nuestra existencia compartida es posible gracias a la concienciación de lo que es sostenible, apropiado y lógico.

— La empatía con la Madre Tierra es fundamental.

— Esta pedagogía promueve la vida a través del compromiso, la comunicación, el intercambio, la creación de vínculos y la motivación.

— El conocimiento solo es integral y completo cuando se comparte.

— Esta pedagogía pretende ser racional, intuitiva, comunicativa, afectiva y no académica.

— La pedagogía considera la mirada y el corazón.

— Finalmente, la ecopedagogía se basa en la cultura de la sostenibilidad, el desarrollo sostenible, la autogestión y la autonomía. Considera la interdependencia de las especies con el objetivo de garantizar que la humanidad conviva con todos los seres del planeta. Dentro de la especie humana, busca respetar los derechos humanos promoviendo la justicia, la equidad y la comunidad. También defiende

---

[18] M. Gadotti, *Pedagogia da terra. Ecopedagogia e educação sustentável*, Buenos Aires, Clacso, 2000.

la idea de la «prevención» respecto a aquello que puede causar daño a uno mismo y a los demás.

Los principios de la ecopedagogía definen, pues, una nueva manera de pensar la ciudadanía a través de la idea de una comunidad de seres vivos, humanos y no humanos, y de la unicidad de nuestro ecosistema.[19] Esta pertenencia de todos y todas al mismo mundo implica su conocimiento y la conciencia de que nuestras acciones tienen consecuencias, tanto para nosotros como para los demás. La ecopedagogía pretende ser crítica y emancipadora, a partir de la desmitificación y la deconstrucción de la creencia en una sociedad capitalista, guiada por la búsqueda desenfrenada de beneficios para enriquecer a unos pocos. Para ser emancipadora, esta ecopedagogía debe evitar la trampa del naturalismo. Porque afirmar que el ser humano forma parte de la naturaleza, que es un animal como cualquier otro, conduce a una «naturalización» de las diferencias, en particular entre hombres y mujeres, lo cual responde sin embargo a una construcción social. Por lo tanto, la cuestión de la responsabilidad por la degradación ambiental cobra importancia al definir el papel exacto del sistema capitalista en dicha degradación.

Conclusión

Para el profesorado, resulta esencial hacerse una idea de lo que abarca el término «naturaleza», de su historia y de cómo enseñar esta conexión entre los seres vivos.

[19] Ib.

Por lo tanto, la idea de afianzar las enseñanzas en las observaciones fuera del aula (bosque, costa, río, pero también parque urbano) no es reciente, pero aporta sentido a los aprendizajes. De hecho, el niño toma conciencia de que forma parte integrante de esa naturaleza que estudia, intenta comprender y debe respetar, sabiendo que su futuro está ligado a ella. Aprender a observar, comprender y respetar a los seres vivos animales y vegetales solo puede lograrse de manera eficaz conectando el aula con el exterior. Permitir que los alumnos entiendan los principales problemas sociales y ambientales es un desafío que va más allá de los programas oficiales de enseñanza. Se trata de hacer comprender esta interacción entre los seres vivos y de proponer una verdadera educación para el espíritu crítico y para el enfoque científico por esta escuela en y con la naturaleza.

2

LA NUEVA EDUCACIÓN Y LA NATURALEZA

La idea de «naturaleza» está muy presente entre los reformadores de la educación, ya se trate de Jean-Jacques Rousseau, ya de Johann Heinrich Pestalozzi o de todos los pedagogos de la nueva educación de principios del siglo XX. Estos últimos –Maria Montessori, Ovide Decroly, Rudolf Steiner o Élise y Célestin Freinet– subrayaron la necesidad de una armonía entre cuerpo y mente a través de la presencia de la naturaleza.

Este razonamiento no es, por otra parte, exclusivo de estos pedagogos, sino que lo comparten con los pedagogos libertarios, desde Paul Robin hasta Francesc Ferrer, pasando por Sébastien Faure. Su visión está en consonancia con el sentimiento de la naturaleza defendido por Élisée Reclus. Para todos ellos, el niño y el entorno forman un todo. Destacan, a veces desde la idealización, la importancia de la naturaleza en el desarrollo armonioso de los niños. Pero lo más relevante es que la naturaleza se percibe como algo concreto, un lugar privilegiado de observación y un instrumento para todo tipo de aprendizajes. No se trata de realizar actividades ilustrativas en la naturaleza, sino de convertir el ambiente exterior en un complemento de lo que se hace en el aula. Lo primordial es la necesidad de conocer el medio, de interactuar con la naturaleza.

El aprendizaje dentro y fuera del aula también es un anhelo del movimiento higienista del siglo XIX y un elemento constitutivo de la educación pública laica. Jules Ferry lo señaló en el Congreso Pedagógico de maestros y maestras franceses el 19 de abril de 1881:

> Las lecciones prácticas, la enseñanza del dibujo, las nociones de historia natural, los museos escolares, la gimnasia, los paseos escolares, el trabajo manual en el taller contiguo a la escuela, el canto, la música coral. ¿Por qué todos estos complementos? Porque, a nuestro entender, son lo principal; porque estos complementos harán de la escuela primaria una escuela de educación liberal. Tal es la gran distinción, la gran línea divisoria entre el Antiguo Régimen, el régimen tradicional y la escuela de la República.[20]

Pero la nueva educación supone una revolución pedagógica en el sentido de que el niño es un ser singular y social que aprende a conocerse mejor en contacto con los otros, tanto seres humanos como animales y espacios vegetales. La autonomía de los niños, objetivo y principio unificador de todas las corrientes de la nueva educación, pasa por este conocimiento de sí mismo y de los demás seres vivos, de los que forman parte sustancial el mundo animal y la flora.

Además, el «aula» se define como el «último recurso». Todos estos reformadores de la educación especifican que es necesario salir del aula tanto como sea posible para observar, comprender y aprender «en la vida». Esta naturaleza se percibe como concreta y real, frente a una enseñanza tradicional, donde se prioriza el aprendizaje a través de libros de texto, libros y material académico. Mientras que la «escuela» se define como un lugar de coerción, que «domestica» el cuerpo y la mente, la «naturaleza» permite al niño ser él mismo, moverse y jugar. La naturaleza se considera un

---

[20] Citado por Philippe Meirieu. «Former nos enfants à une démocratie solidaire: ce que peuvent les parents, l'École et l'Éducation populaire», conferencia del 27 de enero de 2021, Universidad de Montpellier.

medio que permite que el niño esté en un ambiente propicio para aprender.

El pedagogo ginebrino Adolphe Ferrière se refirió con ironía a ese contraste entre la escuela «clásica» y lo que debería ser la nueva escuela, respetuosa con las necesidades y el ritmo de los niños en conexión con la naturaleza: «Y, por orden del diablo, se creó la escuela. El niño ama la naturaleza: encerrémoslo en salas cerradas».[21]

Esta visión de la naturaleza no es, por otra parte, monolítica entre los pedagogos de la nueva educación. Así, las premisas de Maria Montessori y Rudolf Steiner son sobre todo espirituales, mientras que las de Decroly y Freinet son materialistas y racionalistas. Sin embargo, todas estas corrientes inciden en la importancia de la experiencia en sus prácticas. La naturaleza permite el vínculo entre el niño y la naturaleza mediante la experimentación y el aprendizaje concreto. El objetivo es implementar una educación integral que tenga en cuenta las diferentes facetas de la personalidad del niño, desarrollando tanto los aspectos intelectuales y cognitivos como los físicos, los manuales y los emocionales. Los lazos entre la nueva educación y la naturaleza aparecen, por lo tanto, como una evidencia histórica.

El punto en común de todos estos pedagogos es responder a las necesidades de los niños, al deseo de concreción, actuar a través de la experimentación y el estudio del entorno y del medioambiente.

Así pues, centraremos nuestra reflexión sobre los vínculos entre la nueva educación y la naturaleza en torno a tres ejes. El primero nos permitirá definir la educación integral, condición previa para comprender el papel de la naturaleza en estas pedagogías. La educación integral permea, de forma implícita, la naturaleza como espacio y

---

[21] A. Ferrière, *L'École active*, Neuchâtel/Ginebra, Forum, 1922. Existe traducción española: *La Escuela activa*, Madrid, Francisco Beltrán, 1932; reed. posteriormente.

entorno de crecimiento infantil. Esta educación integral no es solo formal y, por lo tanto, nos permitirá establecer la función de la educación popular en el marco de esta argumentación. En un segundo paso, explicaremos por qué la clase paseo como práctica pedagógica es esencial. Por último, en un tercer eje, se destacará la importancia de una escuela que refleje el deseo de implantar el aprendizaje al aire libre y de convertir a los niños en actores de su propio aprendizaje.

El niño y la naturaleza

Una educación integral

La «educación integral», teorizada en el siglo XIX por el pedagogo anarquista Paul Robin, es la columna vertebral de todas las pedagogías libertarias y emancipadoras. Considera al niño en su totalidad, sin jerarquizar lo emocional, lo cognitivo ni lo físico. ¿Qué relación tiene esto, entonces, con la escuela al aire libre?

La educación integral, como visión global de la educación que incorpora el desarrollo intelectual, físico y emocional, contribuye a la formación del niño como individuo en su entorno. El objetivo político de este planteamiento de Paul Robin es la emancipación individual y la transformación colectiva de nuestra sociedad. En el aspecto pedagógico, desea construir autonomía, entendida como el conocimiento de uno mismo y de los demás. Las relaciones con los otros ayudan a entenderse mejor a uno mismo, pero también a tomar conciencia de que se pertenece a un conjunto de seres vivos, ya sean humanos, animales o plantas.

En consonancia con el pensamiento de Élisée Reclus, contemporáneo suyo y compañero de lucha en el movimiento anarquista, Paul Robin define la «educación integral» como la aplicación práctica de la educación libertaria. Para él, es el medio de establecer para todos, niños y niñas, una coeducación de todas las clases sociales; una enseñanza activa y concreta, equilibrada entre el desarrollo físico, intelectual y emocional de los niños.

Se asume una óptica política: la educación integral aspira a la emancipación humana, social y política de todos y todas. Pensar en una educación emancipadora, al margen de los poderes religiosos y políticos, había sido la preocupación de la mayoría de los teóricos anarquistas desde el siglo XIX, desde William Godwin hasta Charles Fourier, desde Max Stirner hasta Pierre-Joseph Proudhon.[22] Todos, a su manera, definieron una educación que perfila otra sociedad, anticapitalista, solidaria y fraternal.

Con la «educación integral», no se trata únicamente de tener en cuenta las emociones o de promover el desarrollo personal, sino de plantear la visión global del individuo en su proceso de aprendizaje. Considerar las facultades mentales, físicas, psicológicas, emocionales, creativas y éticas de un niño no es algo que se pueda decretar; es, al mismo tiempo, el camino constante de esta pedagogía solidaria y su finalidad. Solo con esta educación integral, el individuo aprenderá a convertirse en un ser social. Por lo tanto, la educación integral prepara para la vida, en el sentido de que permite comprender al individuo en su sociedad y su entorno.

¿Cómo se implementa esta educación integral?

Militante anarquista y profesor en la escuela republicana, Paul Robin puso en práctica su pensamiento pedagógico entre 1880 y 1894, durante su etapa como director del orfanato Cempuis, en colaboración con Ferdinand Buisson. Concibe una educación inte-

---

[22] N. Baillargeon, *Éducation et liberté*, 2 tt., Montreal, Lux y M. Éditeur, 2005 y 2019.

gral basada en las necesidades y el ritmo de los niños. El docente ayuda y acompaña al alumnado creando un clima de confianza y teniendo en cuenta las especificidades de cada uno. Lleva a cabo experiencias innovadoras para la época a través de la instrucción artística, el canto, la danza y el teatro, que complementan los contenidos de las denominadas materias «clásicas»: lectura, escritura y cálculo. Paul Robin desarrolla una metodología experimental para las actividades ligada al máximo a lo concreto. Las salidas casi diarias proporcionan la oportunidad de observar el entorno inmediato y de actuar sobre él. A través de la experimentación, los niños aprehenden ese entorno, que no solo los rodea, sino del que se sienten parte implicada.

El orfanato de Cempuis, con su implementación práctica y concreta de la educación integral, se convierte en el modelo de las numerosas experiencias pedagógicas libertarias que se desenvuelven a principios del siglo XX, como la Escuela Moderna de Barcelona, fundada en 1901 por Francesc Ferrer.[23] En paralelo a estas iniciativas, surgieron comunidades libertarias y entornos libres con el objetivo de crear oasis con una sociedad socialista y fraternal. Sophia Zaïkowska y Georges Butaud fundaron varias de estas colonias, como la establecida en Bascon (Aisne), un crisol de círculos anarquistas y veganos; y el pedagogo Sébastien Faure dirigió, entre 1904 y 1914, una escuela llamada La Ruche [La Colmena], en la que opta por la coeducación de los sexos y una pedagogía práctica y fuera del marco del aula. Faure subraya la importancia de una educación integral que respete las capacidades de cada individuo y la necesidad de pensar en una enseñanza en libertad que haga del niño un ser singular pero también social. Se trata de una especie de Forest School adelantada a su tiempo, en la que el aprendizaje se

---

[23] S. Wagnon, *Francisco Ferrer. Une éducation libertaire en héritage*, Lyon, ACL, 2013.

estructura en torno a actividades concretas utilizando los materiales del lugar.

Una educación popular emancipadora

La educación integral es el eje de las actividades del movimiento de la educación popular. Como planteamiento educativo que tiene por objeto brindar al mayor número de personas la oportunidad de acceder al conocimiento, conjuga aspectos como la formación continua a lo largo de una vida y el deseo de que sea accesible para todos e incida en la emancipación individual y colectiva. En Francia, a lo largo del siglo XIX, con el auge de la sociedad industrial y capitalista, la ambición de la educación popular se centra en la instrucción del pueblo y la emancipación de los trabajadores[24] en torno a las Bolsas de Trabajo —en sus orígenes, una oficina de empleo para los obreros bajo la supervisión de los sindicatos—, las universidades populares o la Liga de la Enseñanza, fundada en 1866, y que apoyará la declaración de la enseñanza laica y obligatoria en 1881 con la propuesta de una serie de actividades y formación complementarias al horario escolar. Es un verdadero proyecto político de transformación social y económica basado en prácticas activas, concretas y no formales.

La influencia y el auge de la educación popular se evidencian tras la creación de las vacaciones pagadas en 1936 y la política progresista de la coalición de la izquierda francesa Frente Popular, implementada por el ministro de Educación Jean Zay y el secretario de Estado de Juventud y Deportes Léo Lagrange. La incorporación de la naturaleza y las actividades al aire libre contribuyó a la expan-

---

[24] Société Pierre-Joseph Proudhon, *Instruire le peuple, émanciper les travailleurs. Théories et pratiques des socialistes et des anarchistes dans l'éducation du XIXE au XXIE siècle*, Lyon, ACL, 2020.

sión de la educación popular. Los CEMEA (Centros de Formación en Métodos de Educación Activa), creados en 1937 como espacios de formación y socialización para los jóvenes, así como las numerosas asociaciones de colonias de vacaciones, fueron factores determinantes para favorecer un mejor conocimiento de la naturaleza por parte de los niños.

En la actualidad, la educación popular, fiel a su tradición humanista y emancipadora, debe estar en consonancia con los enormes desafíos ecológicos del siglo XXI y atenta a reafirmar las ideas y prácticas de la educación integral. El deseo de crear actividades de democracia directa o nuevos espacios educativos, como los «parques de aventura», que redefinen el lugar de los niños en la ciudad, son solo algunos ejemplos de este dinamismo educativo y político.

La educación integral, tal como se practica en la educación popular, responde al reto histórico de devolver a todos la capacidad de actuar por el bien común. Desde esta visión y estos postulados, la escuela al aire libre adquiere su pleno significado.

La clase paseo

La clase paseo es una de las actividades más emblemáticas y evidentes de la escuela al aire libre. Sin embargo, tras esta aparente sencillez, es importante comprender los entresijos de esta práctica. La clase paseo es una técnica educativa que permite al niño adentrarse en la naturaleza e interactuar con ella. «La clase paseo es la lección de la naturaleza y la vida, no la lección de los libros. Es la verdadera lección, no preparada para serlo, y tanto mejor aprendida porque el niño termina por desconfiar de la lección concebida para ser lección.»[25] Así describen Élise y Célestin Freinet esta práctica, que ilustrará todos los principios de su pedagogía cooperativa.

Por una escuela viva

La clase paseo es una práctica antigua con raíces en la historia de la escuela francesa del siglo XIX. Edmond Blanguernon (1876-1928), inspector de enseñanza primaria, manifestó, antes de la Primera Guerra Mundial, que esta experiencia tenía como finalidad satisfacer las necesidades de actividad del alumnado y ponerlo en contacto con la naturaleza y el entorno próximo. Esta práctica es coherente con las recomendaciones de higiene de la época. En su libro *L'École Vivante*, prologado por Ferdinand Buisson, afirma:

> Bajo el disfraz de charlas breves e informales, a lo largo de días y mediante encuentros casuales, ¿sabéis lo que se desarrolla? Todo un plan educativo. Es un programa, un manifiesto de reforma educativa.[26]

En 1909, Edmond Blanguernon se plantea las clases paseo como otra manera de enseñar que permita a los niños abrirse a su entorno y estar en contacto con la vida. Lamenta que la escuela no utilice lo suficiente «la naturaleza, con sus campos, sus prados, sus bosques, donde trabajan los hombres, los padres y los hermanos de nuestros alumnos».

Instrumento para la adquisición de conocimientos, esta modalidad de clase transciende el mero paseo para convertirse en un espacio que favorece el aprendizaje activo. E. Blanguernon, miembro del círculo cercano al Ministerio de Instrucción Pública, también recoge en sus escritos que esta innovación pedagógica se ajusta a los

---

[25] C. Freinet, *Œuvres pédagogiques*, t. I, París, Seuil, 1994, p. 20.

[26] E. Blanguernon, *Pour l'école vivante*, París, Hachette, 1918, p. 230.

planes de estudio oficiales de 1882 y se rige por una reglamentación estricta: «Seríamos, pues, los ciegos y sordos de los que habla el salmista si nos obstináramos en permanecer enclaustrados en nuestras aulas a pesar de todas estas apelaciones a la libertad».[27]

El reglamento de la clase paseo[28]

— En todas las escuelas de primaria elementales, especiales o mixtas, las clases paseo tendrán lugar el primer y tercer miércoles de los siguientes meses: abril, mayo, junio, julio, agosto y octubre. En caso de mal tiempo, se pospondrán una semana, encargándose el maestro de notificar el cambio a su inspector de primaria. Durante el invierno, se podrán realizar salidas cortas en las mismas fechas, si el tiempo lo permite.

— En abril, mayo y octubre, las clases paseo se impartirán de una a cuatro de la tarde; en junio, julio y agosto, de siete u ocho a diez de la mañana.

— En las escuelas con varias clases, el director organizará los paseos, de acuerdo con los adjuntos. Los maestros acompañarán siempre a sus respectivos grupos; por lo general, siguiendo itinerarios diferentes.

— El itinerario será siempre bastante corto, especialmente en las escuelas con un solo maestro, para que los más pequeños no se cansen, y las paradas serán abundantes y lo suficientemente largas como para que las explicaciones se puedan dar con tranquilidad.

— El paseo se realizará siguiendo un orden: los alumnos caminarán en fila por la localidad y, en el exterior, se mantendrán agrupados alrededor del maestro, sin correr ni armar escándalo. De este modo, se preservará el carácter de la clase y se eliminará cualquier

---

[27] *Ib.*

[28] Ley del 20 de julio de 1889, citado en E. Blanguernon, «Les classes promenades», *Revue pédagogique*, 76-I, 1920, pp. 389-404.

riesgo de accidente, siendo la responsabilidad de los maestros la misma, ni más ni menos, en esta clase que en las demás.

– El resumen de cada clase paseo figurará en el cuaderno de preparación.

– El paseo será objeto de un informe escrito el viernes por la mañana, el cual servirá como ejercicio de composición y se incluirá en el diario y, en consecuencia, en el cuaderno de rotación. En algunos casos, se podrá acompañar de un dibujo libre de alguna de las cosas o sitios visitados.

Para Blanguernon, esta actividad no es, como él escribe, revolucionaria, sino que pretende llevar a la práctica las previsiones de los planes de estudio oficiales:

> Su propia finalidad es pedagógica. Introduce al niño en la naturaleza y en la vida; busca abrirle los ojos, suscitar la observación y reflexión, hacerle descubrir las cosas en las verdaderas condiciones de su existencia, enseñarle, al mismo tiempo que sus nombres, a interrogarlas, a ellas y a sus correspondencias, en un determinado entorno, pensando en la percepción de las relaciones más simples: es un instrumento de educación general.[29]

En Lucien Gachon, docente y también geógrafo, encontramos ese deseo de hacer de la clase paseo un acicate para el aprendizaje y un «medio para dilucidar el entorno concreto, una fusión de escuela y vida».[30]

En 1923, los nuevos planes de estudio de las escuelas primarias reafirman la posible utilización del concepto de «clase paseo» para

---

[29] E. Blanguernon, «Les classes promenades», *Revue pédagogique*, 76-1, 1920, p. 390.

[30] J.-L. Zaremba, *Lucien Gachon instituteur et précurseur de la classe promenade, défenseur de l'école rurale*, tesis de doctorado, Universidad de Lyon 2, 2002.

la enseñanza de las ciencias naturales. La lección práctica se convierte en el corolario de este tipo de clase.

La clase paseo de Freinet

Pese a que Élise y Célestin Freinet asumen esta técnica pedagógica, le otorgan un enfoque pluridisciplinar y permiten a los niños ser los verdaderos protagonistas de su aprendizaje. Si bien la estructura se mantiene, Freinet desarrolla un trabajo sobre la lectura y la escritura:

> Los paseos escolares son, por lo demás, valiosos para una mejor adaptación de nuestra enseñanza. Con ellos podemos impartir excelentes clases de ciencias, de lengua, de cálculo, de historia y de geografía. Pero ¿cómo podemos hacer que sirvan para una de las lecciones más apremiantes, en las clases de elemental y primaria: la lectura? Pensando en todos los beneficios que podríamos obtener de las lecturas relacionándolas con temas que nos hubieran interesado, se me ocurrió imprimir el texto.[31]

Este paseo proporciona la oportunidad de desarrollar con los niños su sensibilidad hacia el medioambiente:

> En lugar de dormitar delante de la pizarra al comienzo de la clase de la tarde, salíamos a los campos que bordeaban el pueblo. Ya no examinábamos la flor o el insecto, la piedra o el arroyo que nos rodeaba con aires de erudición. Los sentíamos con todo nuestro ser, no solo objetivamente, sino con toda nuestra sensibilidad natural. Y traíamos de vuelta nuestras riquezas: fósiles, amentos de avellano, arcilla o un pájaro muerto.[32]

---

[31] C. Freinet, «Chacun sa pierre, une expérience d'adaptation de notre enseignement: l'imprimerie à l'école», *École émancipée*, n.° 8, 15 de noviembre de 1925.

[32] *Ib.*

La clase paseo permite esta experimentación directa con la naturaleza. La observación es el hilo conductor que permite unir el acto de observar como tal, la experimentación y la recogida de muestras de todo tipo. Para Freinet, esta actividad es, pues, el motor para transformar radicalmente la manera de enseñar y de hacer aprender: «La clase paseo es la lección de la naturaleza y la vida, no la lección de los libros».[33]

Resulta sencillo deducir la componente pedagógica de esta clase paseo para los Freinet. No se trata solo de una salida al exterior, sino de la creación de un clima propicio para las actividades en grupos y los intercambios. La observación del medio y el aprendizaje del mundo que nos rodea y de los seres vivos (humanos, animales y vegetales) que encontramos allí son otros tantos estímulos para cooperar.

El método natural

Una de las características de la pedagogía Freinet es conectar este deseo de estar al aire libre con la idea de un método natural. Sin hacer un juego de palabras con el término «natural», el objetivo es desarrollar un aprendizaje fluido y ligado al ritmo y a las necesidades de los niños y las niñas. Este proceso «natural» también se entiende como una herramienta para fomentar la curiosidad «natural» del niño, su deseo de acción y su entusiasmo. Evidentemente, el mundo exterior, como toma de contacto con la realidad, es el espacio ideal para esta ambición de permitir a los niños ser los protagonistas de su propio aprendizaje y de aprender a través de la acción.

El método natural exige, además, repensar el espacio del aula. De hecho, para comprender, observar y analizar, el niño debe moverse,

---

[33] C. Freinet, *Œuvres pédagogiques*, t. I, París, Seuil, 1994, p. 20.

documentarse y salir de los límites del aula. Por lo tanto, la pedagogía Freinet supone una transformación completa y radical de la educación.

Tanteo experimental

El docente debe, sobre todo, permitir que el niño siga su instinto y su curiosidad. También debe guiarlo a través de una serie de actividades que le permitan adquirir un método de aprendizaje basado en la observación, la hipótesis y el tanteo antes de poder validar sus resultados. Dicho tanteo, unido a la duda y al espíritu crítico, estructura el conjunto de las asignaturas y disciplinas escolares, así como las relaciones con los demás. Por lo tanto, propone al mismo tiempo un enfoque científico y un aprendizaje de democracia.

En la pedagogía de Freinet, el objetivo es convertir al niño en agente de su propio conocimiento y en experimentador.

Una pedagogía de proyecto

Las actividades se estructuran en proyectos individuales o colectivos. Propuestos por los maestros o los niños, los proyectos permiten poner en práctica la cooperación y la ayuda mutua para alcanzar un objetivo preestablecido. La importancia reside en el proceso, las dudas, las hipótesis, el arbitraje y las decisiones.

El maestro ayuda y guía. La clase dispone de utensilios como ficheros y cuadernillos de autocorrección, que otorgan a los niños cierta autonomía con respecto al docente y a la materia. Se fomenta el trabajo en grupo, pero, a veces, es necesario y posible el trabajo individual y en solitario. Entre estas tareas, la investigación documental es una actividad privilegiada.

La pedagogía Lóczy y la siesta al aire libre para todos

La pedagogía Lóczy, basada en las reflexiones de la pediatra húngara Emmi Pikler (1902-1984), propone una serie de actividades en el exterior para los más pequeños.[34] La más emblemática es la siesta al aire libre. Emmi Pikler analizó las necesidades de los niños e insistió en los requisitos de actividad y motricidad, pero también en el descanso reparador. Este recreo, en el sentido estricto del término, se concreta en una siesta al aire libre. ¿Por qué? Para la pediatra, esta siesta resulta tanto más reparadora porque los niños cambian de ambiente y están al aire libre, lo cual beneficia su salud. Por supuesto, a algunos padres les puede preocupar una siesta al aire libre, haga el tiempo que haga. Paradójicamente, es en Escandinavia donde esta experiencia resulta más reveladora. A pesar de las temperaturas, a veces bajo cero, la conclusión sigue siendo la misma: los niños duermen, duermen bien, recargan energías y el frío no supone ningún hándicap, sino todo lo contrario. Esta idea se amplió e incluso se convirtió en una característica de la nueva educación. Las escuelas Decroly adoptaron esta práctica a principios del siglo XX. Salvo en épocas de lluvia, los niños duermen o descansan en tumbonas colocadas en fila en el jardín de la escuela.

El programa de una escuela en la vida

Los fundamentos del método pedagógico de Decroly consisten en una conexión con la naturaleza como entorno inmediato del niño, con el fin de colocarlo en una situación de descubrimiento y observación. Es lo que él denomina el «programa de una escuela en la vida».

[34] A. Szanto-Féder (dir.), *Lóczy: un nouveau paradigme?*, París, Presses Universitaires de France, 2002.

Como en toda pedagogía de la nueva educación, la «escuela» es un taller y el «aula», un laboratorio donde el niño vive y actúa. El «aula» se extiende más allá de la escuela: está, en sentido estricto, en todas partes, ya que Decroly aboga por la fragmentación de los espacios de aprendizaje: la cocina, el taller, las tiendas, la calle se contemplan también como posibles espacios para aprender. Este aspecto encarna un concepto básico de su pedagogía: «de lo concreto a lo abstracto».[35]

Principios unificadores que privilegian la enseñanza fuera del aula

Una de las primeras innovaciones psicológicas presentadas por Ovide Decroly, a partir de sus observaciones, es la interacción entre la personalidad del individuo y su medio. Según él, ya no se trata de oponer las condiciones externas del desarrollo del niño a su personalidad, sino de movilizar el conjunto de actividades hacia una socialización del niño en simbiosis con su personalidad. Esta convergencia entre el individuo y su medio implica, para Decroly, la observación y el conocimiento de cada momento y cada aspecto del niño.

Este principio fundamental del pensamiento de Decroly le va a permitir elaborar una serie de actividades y prácticas no solo originales, sino también en clara ruptura con la enseñanza tradicional y la mayoría de los nuevos métodos pedagógicos, en su afán de equilibrio entre las preocupaciones del niño y su entorno. Por lo tanto, la escuela debe enseñar a vivir desde los presupuestos de esta doble relación entre la realización del individuo y la adaptación a la vida social y, en consecuencia, debe ser capaz de crear un espacio donde el niño encuentre oportunidades vitales y dificultades que estimu-

[35] Página web de la Fundación Decroly: <http://fondationdecroly.be/ovide-decroly--ses-principes-pedagogiques/>.

len su interés y esfuerzo. Pero las innovaciones de los conceptos psicológicos y sus implicaciones pedagógicas no se limitan a este aspecto fundamental. Decroly hace hincapié en la inclusión de la percepción global (globalización), la actividad y los intereses del niño, que facilitan su desarrollo (centros de interés); en el aprendizaje en contacto directo con la vida y en la transición de lo concreto a lo abstracto, que se logra a partir de un método que combina la observación, la asociación y la expresión. La fórmula de una escuela «para la vida y por la vida» ilustra, en última instancia, el rechazo de cualquier ejercicio formal, ajeno a la realidad de la vida y a la experiencia del niño.[36]

Principios unificadores de la pedagogía Decroly

«Afirmar como principio básico la función de globalización inherente al psiquismo del niño, que percibe el mundo como un todo:

— Reconocer al niño como es, con sus necesidades, intereses, capacidades, deseos y debilidades.

— Desarrollar la capacidad de autonomía del niño, habida cuenta de sus ritmos y sus necesidades.

— Crear un entorno donde se acepte al niño con sus emociones, preguntas e interpretaciones.

— Permitir que el niño construya sus propios conocimientos, valorando su actividad real, dejando a un lado la disciplina jerárquica.

— Reducir la fragmentación del tiempo, con el fin de favorecer largos procesos de integración de las herramientas de conocimiento.

— Ayudar al niño a integrarse en una vida grupal, a trabajar con los demás, a asumir responsabilidades, a encontrar su sitio y a dialogar sobre los conflictos.

[36] O. Decroly, *Le programme d'une école dans la vie*, París, Fabert, 2009.

– Considerar la evolución de la sociedad, estimular el espíritu crítico y profundizar en la reflexión, para que el niño se convierta en un adulto autónomo y responsable.»[37]

El papel del medio en el desarrollo del niño

Para Decroly, la personalidad plena del niño y el conocimiento de su medio no solo no son antinómicos, sino que el desarrollo de sus facultades va de la mano de su preparación para la vida social. Así, la originalidad del pensamiento de Decroly y sus implicaciones pedagógicas residen no solo en considerar los factores internos de la personalidad del niño y los externos del entorno social, sino también en no convertirlos en dos momentos distintos de la actividad educativa. Esta importante innovación implica una nueva concepción de la educación: su objetivo no es formar al niño cultivándolo o transmitiéndole conceptos para su futura vida adulta, sino permitirle desarrollar su personalidad y adaptarse a la sociedad de su tiempo.

Si bien en los escritos de Ovide Decroly se percibe una clara influencia rousseauniana, el niño nunca se define como el único punto de partida de sus conceptos pedagógicos.

La creación de un entorno y de actividades que propicien el aprendizaje

Como todos los pedagogos de la nueva educación, Decroly propone un aprendizaje centrado en las necesidades e intereses de los niños y no basado únicamente en la transmisión de conocimientos.

[37] Página web del colegio Decroly de Saint-Mandé (94): <https://decroly.fr/category/ecole-decroly/pedagogie/>.

Sus observaciones también le demuestran que no todo puede venir del niño, y que una de las funciones del educador es crear un ambiente propicio para el aprendizaje. Esto se concreta ofreciendo a los niños, con total libertad, múltiples actividades susceptibles de despertarles el interés. Estas tienen que ser concretas, estar vinculadas a sus inquietudes y ser dinámicas. Por lo tanto, cada escuela, cada clase, debe tener un jardín, un huerto, animales; estar en contacto con la naturaleza para que los niños puedan comprender mejor su entorno y trabajar con la «vida». El aula debe ser un lugar más de aprendizaje, y el docente habrá de priorizar las actividades «en la vida» fuera de la escuela.

Sin embargo, para que estas actividades concretas e integrales resulten beneficiosas, no deben compartimentar ni segmentar el conocimiento: tendrán que poder asociarse con él. Por lo tanto, el pedagogo sugiere que se estructuren en torno a un objetivo específico para interesar y motivar a los niños, lo que él denomina «centros de interés»: conexiones entre los intereses y las necesidades de los niños.

Los centros de interés de Decroly

Crear las condiciones para suscitar el interés del niño es, tal vez, la acción más delicada y compleja, pero también la fundamental. Decroly establece una organización escolar y una progresión del aprendizaje en torno a cuatro «centros de interés» o ideas básicas que unen las necesidades individuales y sociales:

> El ser humano, como todos los seres, tiene necesidades esenciales para vivir: debe alimentarse, protegerse de la intemperie y defenderse de los enemigos. Debe prepararse para ser autosuficiente en la edad adulta (funciones individuales), sostener a su familia y cumplir con sus obligaciones sociales (funciones sociales). Esto resume bien,

al extenderlo al hombre, los dos atributos fundamentales de la vida humana mencionados con anterioridad: la preservación del individuo y la de la especie.[38]

Las características del programa de ideas asociadas y el método de los centros de interés

— La escuela debe responder a su objetivo de educación general preparando al niño para la vida social actual.

— Esta preparación se desarrolla en condiciones óptimas si se inicia a los niños de forma práctica en la vida en general y en la vida social en particular.

— Esta iniciación, en lo que respecta al plan de estudios, requiere el examen de dos áreas fundamentales de conocimiento: por un lado, el conocimiento por parte del niño de su propia personalidad, la conciencia de sí mismo y, en consecuencia, de sus necesidades, aspiraciones, metas y, al fin y al cabo, de su ideal; por otro lado, el conocimiento de las condiciones del entorno natural y humano en el que vive, del que depende y sobre el que debe actuar para que esas necesidades, aspiraciones, metas e ideales sean accesibles y se realicen, sin perjuicio de una preparación para comprender por extenso las necesidades, aspiraciones, metas e ideales de la humanidad, las condiciones de su adaptación y los medios para cooperar con ella, de ser consciente e inteligentemente solidario.

Los cuatro centros de interés definidos por Ovide Decroly se derivan de las necesidades fundamentales del ser humano, que son la alimentación, la búsqueda de cobijo, la defensa ante los peligros y la necesidad de actuar:

---

[38] O. Decroly, *Le programme d'une école dans la vie*, París, Fabert, 2009.

Con objeto de mantenernos cerca de los hechos fácilmente cons-
tatables por el niño y de aquellos que tienen mayor repercusión en
la actividad humana, distinguimos en particular cuatro necesidades
primordiales:

1- la necesidad de alimentarse, con la que se relacionan de manera
natural la necesidad de respirar y de asearse;

2- la necesidad de cobijarse;

3- la necesidad de defenderse de diversos peligros y enemigos;

4- la necesidad de actuar y trabajar de forma solidaria, de divertirse
y mejorar, a la que se suma la necesidad de luz, descanso, asociación,
solidaridad y ayuda mutua.[39]

Cada disciplina «clásica», ya sea Lengua o Matemáticas, se mantiene estrechamente vinculada al centro de interés anual. Definido
como una necesidad fundamental del niño, este centro de interés
(por ejemplo, la alimentación) permite su estudio en Lengua,
Matemáticas, Historia, etc. Además, el centro de interés ofrece la
posibilidad de sacar a la luz los lazos entre el niño y su entorno:
su propio cuerpo, sus relaciones con otros seres humanos, animales,
plantas, minerales y con el universo.

Estructuración de los centros de interés: el niño y su medio

El niño y los demás seres humanos
Las relaciones del niño con el resto de los seres humanos implican, ante todo, a las relaciones con sus padres y a su entorno social,

---

[39] O. Decroly, *Vers l'École rénovée. Une première étape*, París, Lebègue-Nathan, 1921.
Existe traducción española: *Hacia la escuela renovada*, Madrid, La Lectura, 1922.

entendido en un sentido cada vez más amplio (municipio, provincia, país y humanidad).

El niño y la naturaleza
Esta segunda sección consta de cuatro capítulos:
– El niño y los animales.
– El niño y las plantas.
– El niño y la tierra (agua, aire, suelo).
– El niño y el sol, la luna y el resto de los astros.

Ovide Decroly, *Le programme d'une école dans la vie,* 2009 (1908).

La observación

La observación es el «punto de partida» y la base de todas las actividades de la pedagogía de Decroly. Constituye, a la vez, un enfoque concreto para los niños y la primera etapa del trabajo experimental. Esta fase esencial suele realizarse fuera del aula, sobre el «terreno», ya se trate del jardín, el bosque u otro lugar durante una visita al aire libre. Por ello, todas las escuelas que siguen el método Decroly cuentan con un jardín y suelen estar ubicadas cerca de una zona forestal.

Observar, una de las primeras actividades humanas, es también, en el marco de esta pedagogía, una forma de acercarse a la realidad. Las primeras aproximaciones, de entrada individuales, pronto se ven modificadas y enriquecidas por los intercambios y las confrontaciones con los otros.

En la pedagogía de Decroly, la observación no es una actividad, sino una técnica constante; es la base de todo lo que se vive en el aula y, en cierto modo, su columna vertebral. Incluso se puede argumentar que, al privilegiar los enfoques de observación científica y dar amplio espacio a la experimentación y la verificación, fomentamos el desarrollo del espíritu crítico de la futura ciudadanía:

Bajo el término observación se agrupan ejercicios que tienen por finalidad poner al niño en contacto directo con los objetos, los hechos, los eventos [...]. No se trata de contentarse con la vinculación de cosas y palabras, lo cual, por otra parte, no queda excluido, ni de limitarse a la llamada enseñanza del aspecto, que con demasiada facilidad permite conformarse con aspectos convencionales, esquemáticos, áridos, irreales e inanimados. No, el niño debe estar en presencia inmediata tanto de cosas como de fenómenos, y esto con la mayor frecuencia posible.[40]

La observación, primera piedra en el mosaico de la elaboración de un conocimiento del mundo, se apoya en todos los sentidos en una confrontación con la realidad, un enfoque concreto y, por lo tanto, más fácil de validar. Así pues, se trata de observar de verdad, y no de forma ilustrativa, un concepto, un objeto, una palabra, un texto, una situación... y, de este modo, preguntarse, pesar, dibujar, medir, comparar, conectar, etcétera.

La observación no está ligada a ninguna disciplina concreta. Desde preescolar, para los más pequeños, las primeras observaciones, mediante colecciones, conjuntos y comparaciones, preparan para el pensamiento crítico.

Observar es descubrir de modo global, utilizando todos los sentidos, la emoción y la reflexión. Es asombrarse ante un detalle que eclipsa momentáneamente a los demás. Es experimentar una emoción; es ser asaltado de forma repentina por un recuerdo personal que guarda alguna conexión con lo observado. Es plantearse preguntas sobre la utilidad, sobre la relación; es indagar sobre cómo funciona algo, sobre cómo se hace...

[40] O. Decroly, «Le programme d'une école de la vie», *L'École normale*, marzo de 1908.

Conclusión

La historia de la educación integral, popular y nueva pone de manifiesto la importancia de tener en cuenta las necesidades y el ritmo del niño. Comprender su desarrollo de manera global, especificando el papel de lo intelectual, lo físico, lo manual y lo emocional, no se conseguiría sin una estrecha conexión con la naturaleza. Para los pedagogos de la nueva educación, la enseñanza al aire libre es una evidencia. Para las escuelas que se identifican con esta corriente de pensamiento, abandonar el aula y su formato tradicional fue y sigue siendo una forma de mantenerse fieles a los ideales de emancipación y autonomía del niño. Cada movimiento pedagógico aportó sus propias experiencias, pero, ya sea con la clase paseo, ya con el estudio por centros de interés, el objetivo es el mismo: permitir que todos los niños se conozcan mejor a sí mismos y conozcan a los demás. Esta visión pedagógica, que aboga por una enseñanza concreta y práctica, no podría concretarse sin una estrecha conexión con la naturaleza.

3

LAS FOREST SCHOOLS O ESCUELAS EN LA NATURALEZA

La aspiración de conectar al niño con la naturaleza en el aprendizaje, de crear armonía entre el ser humano y su entorno vegetal y animal, desemboca en la creación de escuelas en plena naturaleza, principalmente en bosques, pero también en refugios de montaña e incluso en playas. Estos movimientos internacionales de las Forest Schools y de la educación al aire libre (Outdoor Education) convierten a la naturaleza en la propia razón de su existencia.

La preocupación ecológica no puede disociarse de las Escuelas en la Naturaleza, ya que se trata, sin lugar a duda, de un movimiento de concienciación sobre los cambios medioambientales, las transformaciones climáticas y sus consecuencias. Esta preocupación ecológica se encuentra también en otras corrientes educativas alternativas o en el seno de la institución escolar pública, pero es el eje central de las reflexiones y de las experiencias de las Escuelas en la Naturaleza.

Aun cuando las «escuelas en la naturaleza» son ante todo un ideal, también conforman una corriente internacional estructurada en torno a una serie de principios aglutinadores.

El movimiento de las Escuelas en la Naturaleza cuenta con gran predicamento desde años en los países anglosajones y escandinavos, aunque en épocas recientes también ha ido ganando notoriedad en Francia y Bélgica, donde varios centros reivindican esta filiación.

Un movimiento educativo centenario

Las primeras escuelas en el bosque, concebidas como lugares privilegiados para la educación, se crearon en Estados Unidos a finales de la década de 1920, sobre todo en el estado de Wisconsin. Finalizada la Segunda Guerra Mundial, el movimiento se propagó por Europa, más concretamente por Escandinavia y los países germánicos. En estos territorios, la naturaleza ya ocupaba una posición preeminente, tanto en sus respectivas historias como en el seno de las sociedades humanas.

Waldschule y Skogsmulle

Presentes en Alemania bajo el nombre de *Waldkindergärten* («guarderías en el bosque»), este tipo de escuelas utilizan los bosques como un medio para reforzar la independencia y la autoestima de los niños. Surgieron por iniciativa de profesionales de la medicina y la pedagogía y, al parecer, una de las primeras se creó en 1904 en el corazón del bosque de Charlottenburg, en las proximidades de Berlín, aunque su objetivo era social y no estrictamente pedagógico. Se trataba de ofrecer a los niños abandonados o con problemas de salud de las ciudades la oportunidad de recuperar el gusto por el trabajo y por la vida. Por lo tanto, su programa educativo daba prioridad a la actividad física al aire libre. El edificio de madera incluía salas de estudio y, sobre todo, talleres manuales. Estas primeras estructuras cumplían una doble finalidad, sanitaria y educativa y, si bien ofrecían un entorno arquitectónico, este estaba vinculado a la vida forestal. Asimismo, se le concedía gran importancia a la alimentación. De este modo, la inmersión en la naturaleza ofrecía nuevas experiencias de aprendizaje a partir de una educación integral que consideraba al individuo en su conjunto con el fin de propiciar un desarrollo físico y afectivo, pero también intelectual.

En 1957, el sueco Goesta Frohm creó el concepto de Skogsmulle, con objeto de promover el aprendizaje sobre la naturaleza, el agua, las montañas y los paisajes. Su reflexión supuso, además, una crítica radical a la sociedad industrial y a sus consecuencias en términos de cambio climático y contaminación. Suecia integró esta visión ecológica en sus planes de estudio ya en las décadas de 1960 y 1970.

En Dinamarca, la idea de «escuela en el bosque» se ha convertido en una parte integrante del plan de estudios para niños y niñas en edad preescolar (menores de siete años).

Desde principios del siglo XXI, en Gran Bretaña, en varios informes, se subraya la importancia de integrar estas temáticas y prácticas en los programas escolares.[41]

En Francia, las escuelas en la naturaleza se van implantando lentamente. Consideradas como «extraescolares», deben ganarse la aceptación de unos padres que suelen mostrar cierta inquietud por este tipo de escolarización «al margen». El movimiento de la «pedagogía en la naturaleza» intenta estructurar las experiencias educativas cuyo eje central es la naturaleza.[42]

---

[41] N. Kemp y A. Pagden, «The place of Forest School within English primary schools: senior leader perspectives», *Education,* 3-13, 47, 4, 2019, pp. 490-502.

[42] En las experiencias que actualmente se llevan a cabo en España, el profesorado y los y las monitoras aplican una pedagogía basada en los métodos de la Escuela Nueva. Si bien los niños y niñas pasan una parte del horario escolar al aire libre en el bosque, regresan a las aulas para recibir clases más «convencionales» (N. de E.).

Las Outward Bound Schools

El movimiento *scout*, o escultismo, creado por Robert Baden-Powell en 1907, participa de esta efervescencia de experiencias educativas que hacen hincapié en las actividades prácticas y al aire libre. El movimiento escultista internacional es una referencia ineludible para gran cantidad de pedagogos de la naturaleza.

Las escuelas bosque actuales también beben de las reflexiones del pedagogo alemán Kurt Hahn, quien fundó en 1941, en Aberdyfi (Gales), una corriente de renovación educativa a través de la naturaleza. Kurt Hahn basa sus innovaciones pedagógicas en el estudio al aire libre y establece un programa que gira en torno a varios ejes. En primer lugar, contempla el entrenamiento físico (carreras, lanzamientos, saltos). Para Kurt Hahn, esta «higiene deportiva» en el exterior permite un desarrollo armonioso y favorece la buena salud. A continuación, aconseja la «expedición», es decir, multitud de salidas y excursiones a pie para «vivir», de manera individual y colectiva, momentos intensos. Esta experiencia es el objetivo central de uno o más proyectos, ya que la intención es aprender desarrollando competencias y conocimientos de carácter cultural, histórico, geográfico, científico, matemático, artístico o literario. Por último, todas estas actividades deben permitir la puesta en valor de la responsabilidad individual y colectiva. Kurt Hahn habla de compromiso, de servicio y de deber social, que pueden traducirse en la responsabilidad en el desempeño como bomberos o rescatistas marítimos y de montaña. Estos ejes interdependientes crean una sinergia para que el niño o el adolescente adquieran conciencia de sus fortalezas, sus debilidades y sus límites y perfeccionen «el esfuerzo que reside en uno mismo». Con estas actividades, la pretensión de Hahn es potenciar la fuerza física, la higiene y la salud.

Hoy en día, el movimiento es internacional y se extiende por más de cuarenta países. Las Outward Bound Schools son experiencias educativas con planes académicos de corta duración, en la línea del escultismo y las colonias de vacaciones, que se realizan en espacios forestales, al borde del mar o en macizos montañosos. El programa pedagógico se basa en estas «experiencias vividas» y en la adquisición de un aprendizaje informal.

Escultismo, nueva educación y actividades al aire libre

En 1907, Maria Montessori fundó en Roma la Casa dei bambini; Ovide Decroly, la escuela de L'Ermitage en Bruselas, y Baden-Powell, el escultismo. Esta llamativa coincidencia temporal entre el escultismo y los promotores de la nueva educación ilustra una misma preocupación por parte de los pedagogos: su interés en crear estructuras educativas diferentes. El escultismo, con su diversidad cultural, religiosa o no, defiende una «educación moral a través de la acción»,[43] en la que se exaltan las actividades en y con la naturaleza. Existe una relación entre el auge del escultismo y las Escuelas en la Naturaleza. En ambas corrientes educativas es evidente la ambición de poner en marcha actividades concretas y lúdicas que apunten a la ayuda mutua y al intercambio. Sin embargo, sus intenciones son diferentes, y las escuelas, como lugares de aprendizaje, poseen sus propias especificidades.

Las escuelas al aire libre

Las escuelas al aire libre[44] pueden definirse como una corriente pedagógica que, a principios del siglo XX, situó la educación al aire

---

[43] E. Père, «Le scoutisme comme vecteur d'éducation morale», *Revue d'éthique et de théologie morale*, HS, 251, 2008, pp. 97-107.

[44] A.-M. Châtelet, D. Lerch y J.-N. Luc (dirs.), *L'École de plein air. Une expérience pédagogique et architecturale dans l'Europe du XXE siècle*, París, Éditions Recherches, 2003.

libre como el eje principal de su filosofía y de sus prácticas. De este espíritu participan las alemanas Freiluftschulen, la Escola del Bosc y la Escola del Mar catalanas, pasando por las Open Air inglesas o las escuelas situadas en las azoteas de edificios, como sucede en Chicago y en Estocolmo. En todas estas propuestas, se defiende una educación al aire libre sin necesidad de salir de la ciudad.

El movimiento de la educación al aire libre se desarrolló en la década de 1930, en un contexto socioeconómico de crisis, pero también de voluntad de los representantes políticos progresistas de ofrecer a todas las personas una educación de calidad vinculada a las ideas de la nueva educación y a los métodos activos. Porque estas escuelas también debían ofrecer una forma diferente de enseñar y clases en talleres.

El movimiento se ve influido, además, por la expansión de las colonias de vacaciones, el escultismo y la concienciación sobre los efectos nocivos de la industrialización y la urbanización en la salud infantil. Su objetivo es permitir que los niños y las niñas, en ocasiones con impedimentos físicos, disfruten del ejercicio. A esta finalidad responde que, en estas escuelas, se replantee el modelo de enseñanza y se proponga una filosofía que reconsidere la educación, la pedagogía y la salud infantil. Se presta particular atención a la arquitectura de las instalaciones, optando por la abertura, el cristal y la versatilidad de los espacios, con el propósito de eliminar, en la medida de lo posible, las paredes de las escuelas.

En este sentido, es emblemática la Escuela de Suresnes, construida entre 1931 y 1934 por los arquitectos Eugène Beaudouin y Marcel Lods. En ella queda patente ese deseo de repensar la arquitectura, el lugar y la forma escolar, el cual se percibe en la utilización de tabiques de cristal que permiten a los niños y a las niñas estar en clase, pero también en contacto con el exterior. Otro ejemplo destacado sería la Escuela al Aire Libre de Ámsterdam, diseñada por Jan Duiker y Bernard Bijvoet entre los años 1927 y 1930.

Las escuelas al aire libre contribuyeron, en gran medida, al desarrollo de edificios escolares mejor ventilados, mejor iluminados y con nuevas técnicas de calefacción y acristalamiento. La elección de la orientación de las aulas también permitió reflexionar sobre los espacios y las actividades posibles. Asimismo, se dio prioridad a instalaciones de tamaño reducido, con una arquitectura próxima al pabellón, a modo de pequeñas escuelas dispersas en un área verde.

A pesar de que las primeras escuelas al aire libre estaban ligadas a los programas de lucha contra la tuberculosis, estas instituciones se abrieron de forma progresiva a los niños y las niñas con discapacidades que necesitaban cuidados y, posteriormente, al conjunto de la población infantil. Sin embargo, los diseñadores y las Administraciones locales que se decantaron por ellas pusieron de relieve su carácter social. Dotarlas de una arquitectura a la vez estética e innovadora pasó a formar parte de la estrategia de modernización de determinados barrios.

La Escola del Mar[45]

La Escola del Mar, creada en 1922 en el barrio de pescadores barcelonés de La Barceloneta, es una institución pedagógica emblemática y particular. Refleja el deseo del Ayuntamiento de entonces de ofrecer una educación innovadora a los niños y a las niñas de las clases populares a través de una escuela pública municipal. Arraigada en la realidad del barrio, se situó a la orilla del mar, lo cual permitió vincular todas las actividades educativas con su ubicación.

[45] <https://agora.xtec.cat/escoladelmar/lescola/historia/>.

Unos años antes, en 1914, en otro barrio de Barcelona, Montjuïc, se había inaugurado la Escola del Bosc, a imitación de las Open Air Schools inglesas. En un primer momento, se dedicó a fines sanitarios, ya que los niños de los barrios más pobres sufrían de lleno en aquella época el contagio de la tuberculosis. En consecuencia, la escuela ofrecía formación en materia de higiene y un programa de educación física. Respirar aire fresco y tomar el sol se consideraban medios para mejorar la salud general y prevenir enfermedades, de manera que, cuando el tiempo lo permitía, las clases se impartían al aire libre. La arena se utilizaba a modo de pizarra para aprender Geografía. Los alumnos se bañaban a diario y, después de comer, dormían la siesta en tumbonas colocadas al sol.

El pedagogo Pere Vergés Farrés (1896-1970) convirtió la Escola del Mar en un modelo pedagógico al aire libre, retomando las ideas de la nueva educación. Esta experiencia pedagógica se prolongó hasta la Guerra Civil. Destruida por los bombardeos del Ejército franquista en enero de 1938, la escuela no pudo continuar con su programa relacionado con el mar y se trasladó, primero de manera provisional, a Montjuïc y, luego, se estableció en el barrio del Guinardó.

Una corriente internacional

El modelo educativo de las Escuelas en la Naturaleza propone un aprendizaje al aire libre mediante el cual los alumnos y las alumnas visitan espacios naturales para adquirir competencias personales, sociales y técnicas, y, por consiguiente, desarrollar una mayor autoconfianza. Así, la escuela en el bosque designa tanto la pedagogía como el espacio que permite su aplicación. Las Escuelas en la Naturaleza conforman una corriente internacional estructurada en torno a una serie de principios y prácticas unificadas.

Principios enunciados por la asociación internacional Forest Schools

Aunque muy flexibles en sus estructuras educativas, las Escuelas en la Naturaleza cuentan con una serie de principios que constituyen una especie de denominador común.

En primer lugar, el proceso educativo se fija a largo plazo y requiere cierta regularidad y salidas a la naturaleza diarias o, al menos, varias veces a la semana. No puede consistir en una simple salida, sino que se trata de un ciclo planificado de observaciones y trabajos en plena naturaleza.

En segundo lugar, las salidas se realizan en un entorno boscoso o natural con el fin de reforzar la relación entre el discente, el docente y el mundo natural.

En tercer lugar, conviene proponer una metodología activa que convierta al alumno en protagonista de su aprendizaje. Las actividades deben permitir el desarrollo de la personalidad, así como la creación de una comunidad entre el alumnado, con el fin de que el aprendizaje sea más eficaz.

En cuarto lugar, a través de las actividades, se aspira a promover el «desarrollo holístico», tanto de los niños como de los adultos, fomentando la confianza, la autoestima, la autonomía, la curiosidad y la creatividad.

En quinto lugar, las Escuelas en la Naturaleza ofrecen la posibilidad de conocer mejor el entorno, de comprender sus peligros y de ser capaz de asumir riesgos calculados.

Una pluralidad de corrientes

La educación al aire libre suele utilizarse como medio para crear un sentido de pertenencia más profundo entre los miembros de una comunidad. Este tipo de enseñanza puede adoptar modalidades muy diferentes según las culturas educativas y los países. Así, el hecho de que estas escuelas sean muy apreciadas en Dinamarca o Suecia se explica por el valor que se les concede a los espacios naturales y a la armonía. Por el contrario, la elección de esta modalidad educativa en algunas comunidades norteamericanas refleja más bien la voluntad de rechazar el mundo urbano y cosmopolita.

En este sentido, se percibe con claridad que, para algunos movimientos conservadores, existe la idea de que, con la naturaleza, el niño recuperará su armonía, pero también romperá con la «modernidad» urbana.[46] Se trata, sin duda, de una cuestión filosófica, además de política, ya que este retorno a la naturaleza no está exento de posibles derivas reaccionarias. En cambio, muchos padres, conscientes de la necesidad de tener presente la transición ecológica, ven en estas escuelas herramientas para acrecentar el respeto hacia el medioambiente y convertir a sus hijos en pioneros de una sociedad más ecológica.

Minimalismo y Escuelas en la Naturaleza

Sin estar directamente relacionadas con la corriente minimalista, que aboga por la eliminación de lo superfluo y el retorno a lo esencial, las escuelas derivadas de las Escuelas en la Naturaleza son pioneras en la necesidad de replantearse la relación con la naturaleza y los animales. Esto explica su fuerte arraigo en los círculos vegetarianos y veganos, pero también su voluntad de repensar una sociedad obsesionada por el consumo. La conexión con la naturaleza evidencia, de igual manera, una redefinición de

---

[46] J. Roe y P. Aspinall, «The restorative outcomes of Forest School and conventional school in young people with good and poor behaviour», *Urban Forestry & Urban Greening*, 10, 3, 2011, pp. 205-212.

los vínculos con todo lo material. En cualquier caso, la filosofía minimalista aplicada a las casas, sin que se convierta en un dogma, puede resultar muy beneficiosa para el desarrollo del niño: reducir el consumo en general, preferir los espacios despejados, la calidad a la cantidad… El niño aprenderá a concentrarse en lo esencial, no tendrá la mente obnubilada por cientos de objetos que llenan las habitaciones, dispondrá de espacio para estirar las piernas y gozará tanto como tú de un hogar armonioso.

Hacer de la naturaleza el centro del aprendizaje

Las Escuelas en la Naturaleza agrupan a un conjunto de escuelas muy diferentes, pero cuyo objetivo compartido es conectar al niño y su aprendizaje con la naturaleza. Esto implica replantearse todas las situaciones formativas.

En las Escuelas en la Naturaleza, tanto enseñar como aprender es algo que debe realizarse «físicamente» fuera del aula, como ocurre en las escuelas finlandesas con la «educación al aire libre». Las escuelas en la naturaleza se encuentran, por tanto, «físicamente» en un bosque, o en un lugar cercano a un espacio boscoso, lo que permite realizar salidas regulares.

Los estudios realizados sobre el centenar de Escuelas en la Naturaleza inglesas ponen de relieve las múltiples ventajas de esta cercanía a la naturaleza y las consecuencias educativas y humanas de tal vínculo.[47] El apego de los niños y las niñas a la naturaleza gracias al aprendizaje regular en su seno permitirá desarrollar el respeto y el sentimiento de pertenencia a un espacio concreto. Se convierte en

---

[47] S. Blackwell, *Impacts of Long Term Forest School Programmes on Children's, Resilience, Confidence and Wellbeing*, acceso en 2015.

un recuerdo que, en la mayoría de los casos, proporciona bienestar y la posibilidad de recargar energías.

El objetivo de una relación regular con la naturaleza pasa por aprender a respetar el entorno. La protección de la fauna y la flora no se consigue por decreto, sino que se aprende a través de gestos ecorresponsables. La naturaleza como ecosistema también permite ahondar en las emociones, conocerse mejor a uno mismo y mejorar la empatía hacia los demás. Los conceptos de «bienestar» y «benevolencia» cobran aquí todo el sentido.

La idea es concebir «la vida al aire libre» como una herramienta educativa y permitir que el niño se conozca a sí mismo y conozca su entorno. Se trata de responder a sus necesidades de moverse, gritar, correr, pero también de pensar de otra manera sobre ese entorno. La educación sin paredes pretende desarrollar una exploración concreta y práctica de la naturaleza, y sensibilizar a los niños sobre el medioambiente. Es en ese espacio donde los niños y las niñas juegan, trepan a los árboles, construyen objetos. Se trata de experiencias que ya existen en las colonias de vacaciones o en el escultismo, pero que aquí adquieren un carácter educativo con la adquisición de conocimientos concretos. Para dotar de sentido a estos conocimientos, se priorizan las actividades al aire libre, las cuales no solo dan lugar a exploraciones y momentos de vida social, sino también a la adquisición de múltiples competencias en cálculo, vocabulario y comprensión científica, geográfica, histórica o artística.

Hoy en día, estas actividades al aire libre también se consideran importantes para el bienestar, frente a un sedentarismo que multiplica los problemas de salud, como la hiperactividad, la ansiedad, la obesidad y el estrés.

La naturaleza, lugar de enseñanza pluridisciplinar y de construcción de la futura ciudadanía

El apoyo del docente permite que el alumnado aprenda qué y cómo observar, a categorizar los elementos que lo rodean: vegetales, animales, minerales, etc. Así, aprende a escuchar el canto de un pájaro, a observar una colonia de hormigas o a sentir las gotas de lluvia sobre su piel, sensaciones que lo incitan a vivir el instante presente y a expresarlas con palabras. Posteriormente, el docente puede realizar un seguimiento de las reflexiones del alumnado anotando sus preguntas, fotografiando sus hallazgos o creando un pequeño museo de la clase. A través de la literatura infantil y juvenil, es sencillo sacarle partido en clase a lo que el alumnado ha descubierto en el bosque o en el parque, al tiempo que se enriquecen sus conocimientos y competencias.

Impartir la clase al aire libre permite multiplicar las situaciones propicias para los aprendizajes lingüísticos y disciplinarios (Matemáticas, Física, Biología...). En cuanto al aprendizaje que conduce a la construcción del individuo y se basa en la cooperación, la ayuda mutua y el desarrollo del espíritu crítico, también en este caso las oportunidades son numerosas durante las salidas al aire libre: cooperar para transportar ramas y construir una casita para insectos, o debatir sobre una opción utilizando argumentos.

El paradigma de una pedagogía alternativa

Las Escuelas en la Naturaleza y las «escuelas en la naturaleza» no son una corriente de pensamiento estructurada, sino un ideal y una ambición compartidos por todos los modelos pedagógicos nuevos y alternativos. Dibujan un nuevo paradigma educativo, en parte derivado de los principios y prácticas de la nueva educación, pero también en torno a la aspiración del desarrollo individual y personal y la incorporación del aprendizaje informal.

Repensar las relaciones entre el ser humano y la naturaleza

Lo que en la actualidad adquiere una nueva forma es la voluntad de repensar las relaciones entre el ser humano y la naturaleza. La concienciación sobre los cambios medioambientales, las transformaciones climáticas y sus consecuencias no es ajena a esta ambición, y el periodo de confinamiento evidenció un vínculo entre el exterior y la libertad de actuar.

Esta preocupación por una nueva relación entre el ser humano y su entorno se refleja en la mayoría de las corrientes educativas alternativas. La sensibilidad hacia las cuestiones ecológicas es incluso un principio aglutinador de este universo de modelos pedagógicos.

Los principios del bienestar, las necesidades de los niños y la motivación son esenciales en las prácticas de una escuela al aire libre. A pesar de que todavía no existen muchos estudios científicos a gran escala, parece claro que los beneficios de la relación entre los niños y la naturaleza son múltiples desde el punto de vista humano y psicológico. El aprendizaje constante en plena naturaleza permite otra forma de enseñar y establecer relaciones de mayor confianza entre docentes y alumnos. Los beneficios no se limitan a los aspectos emocionales y sociales, lo cual ya es bastante, sino que alcanzan también a los cognitivos, en virtud de la mayor motivación y confianza en uno y en los demás. La naturaleza en sí misma no es emancipadora, pero sí una herramienta importante para definir puntos de referencia y dar sentido al aprendizaje. Existe una pedagogía en la naturaleza, y conviene precisar sus argumentos.

La meta de las Escuelas en la Naturaleza, al igual que la de todas las pedagogías alternativas, es encarnar otra vía, otra manera de educar, de enseñar, de comprender el aprendizaje, de redefinir las relaciones entre adultos y niños y, en definitiva, de pensar nuestras sociedades.

El auge de estas escuelas y de esta corriente pedagógica no puede desvincularse de la importancia del individualismo contemporáneo.

El hecho de que cada vez más padres deseen una escuela diferente para sus hijos e hijas, una escuela que acepte la singularidad y el desarrollo de la personalidad, es un fenómeno social significativo para las pedagogías alternativas.

Además, estos modelos preconizan la trascendencia y, en ocasiones, la primacía de los aprendizajes informales, y abren el debate no solo en el ámbito escolar *stricto sensu*, sino también en el de la educación en sentido amplio. El término «alternativo» encierra una fuerte reivindicación de otra sociedad tejida con relaciones humanas más benevolentes y fraternales para el bienestar y la felicidad infantil. El término «alternativo» aglutina ese deseo de encarnar otra forma de pensar la educación y de crear nuevos lazos educativos en torno a la aspiración de desarrollo del individuo, la definición de una educación positiva y benevolente, la importancia de los aprendizajes informales y una nueva manera de entender el acto educativo.

La aspiración a la realización del individuo

Aspirar a la realización del individuo y a la felicidad es uno de los objetivos declarados de las Escuelas en la Naturaleza. El bienestar del sujeto durante el aprendizaje es, además, un elemento que tienen en cuenta las instituciones escolares con el fin de mejorar el ambiente escolar, factor determinante del rendimiento académico.

Estos conceptos de bienestar y de felicidad están presentes desde hace mucho tiempo en la educación. Ya para los pedagogos de la nueva educación, la adquisición de conocimientos no era un fin en sí mismo. Para ellos, se trataba de formar personalidades plenas desarrollando la autoestima, la creatividad, la confianza, la motivación y el placer de aprender, además de la solidaridad, la ayuda mutua y la cooperación.

Una pedagogía positiva y benevolente

En segundo término, se trata de una nueva perspectiva sobre el niño, una consideración real de su singularidad que se propone mediante una educación positiva y benevolente. Esta educación benevolente se basa en el desarrollo del interés del niño y en la consideración de sus necesidades, tal y como hemos visto en las nuevas pedagogías desarrolladas a principios del siglo XX. Despertar el interés en el niño es una de las principales cuestiones que se plantean los pedagogos de la nueva educación. La crítica a la enseñanza clásica, tanto ayer como hoy, se centra en la organización del tiempo y el espacio mediante programas, disciplinas escolares segmentadas y compartimentadas, lecciones, deberes y ejercicios que no tienen suficientemente en cuenta las necesidades y el ritmo del niño. Volveremos sobre este tema en detalle, ya que es un punto importante para la puesta en marcha de una escuela al aire libre.

Esta visión del niño en su totalidad implica una nueva definición de la «educación». Como hemos visto, los pedagogos de la nueva educación pusieron en práctica una enseñanza integral, es decir, consideraron la parte intelectual y, al mismo tiempo, el cuerpo, lo afectivo y, por tanto, las emociones del niño, con el fin de lograr un desarrollo armonioso.

Una nueva relación pedagógica entre adultos y niños

Esta nueva relación pedagógica solo es posible si existe una coherencia en lo que respecta a las relaciones educativas familiares. Los padres están muy presentes, a todos los niveles, en las escuelas alternativas. Muchos de ellos comparten la idea de replantearse su papel en la educación de sus hijos e hijas y, en algunas corrientes alternativas como las escuelas democráticas, cuestionan lo que denominan «dominación adulta». Una educación positiva, basada en el respeto al niño, lucha contra cualquier forma de educación represiva que tenga como objetivo someter a los niños y a las niñas mediante la violencia y el hostigamiento físico y moral. La crianza positiva, una de las facetas de la educación positiva, pretende establecer relaciones tranquilas y altruistas entre padres e hijos. Sin ser una vez más prerrogativa de las Escuelas en la Naturaleza, este concepto es el núcleo del paradigma de la educación alternativa que ellas iniciaron. Para los padres, este enfoque requiere una redefinición de sus propios criterios educativos, a menudo en desacuerdo o en contradicción con su propia educación familiar. Esta crianza positiva, mal entendida o explicada, conduce a los padres al sentimiento de culpa, a la búsqueda interminable de la perfección y, finalmente, a la frustración en su papel de padres y madres, lo cual repercute con intensidad en sus relaciones familiares, e incluso en lo que algunos investigadores denominan «hiperparentalidad».[48]

Repensar el acto educativo

La corriente de las Escuelas en la Naturaleza en su conjunto enfatiza la importancia de las familias en la educación y la primacía de estos aprendizajes informales en el desarrollo infantil. Es una visión de la educación que tiene en cuenta numerosos elementos inducidos y, a menudo, extraescolares, en aras de una formación integral.

Las Escuelas en la Naturaleza, en nombre de la confianza en los niños y las niñas, llaman la atención sobre la necesidad de dar rienda suelta, tanto como sea posible, a su deseo de conocimiento. Se observan diferencias entre las Escuelas en la Naturaleza en cuanto al rol real del docente. Mientras que en algunas escuelas el docente,

---

[48] B. Humbeek, *Et si nous laissions nos enfants respirer*, París, Renaissance du Livre, 2017, y P. Ben Soussan, *De l'art d'élever des enfants (im)parfaits*, Toulouse, Ères, 2018.

como en todas las nuevas pedagogías, está presente acompañando y guiando a los niños en su proceso de formación, en otras, por el contrario, en nombre de la primacía del aprendizaje informal, abogan por una «educación horizontal», con una presencia muy reducida de adultos. Philippe Meirieu cuestiona —con razón, en nuestra opinión— el enfoque de esta educación horizontal.[49] Define a estos activistas como «hiperpedagogos» y considera que tienen una visión idealizada del niño y del aprendizaje «natural».

Conclusión

Las Escuelas en la Naturaleza no quieren «encerrarse» en una pedagogía específica, y algunas escuelas no dudan en hablar de «hibridación pedagógica». Esto supone una diferencia significativa con respecto a las pedagogías de la nueva educación de principios del siglo XX. De hecho, mientras que la metodología de la nueva educación se apoya en las reflexiones y las prácticas implementadas por un pedagogo concreto siguiendo el ejemplo de Maria Montessori o Célestin Freinet, las Escuelas en la Naturaleza reivindican una «recolección» de actividades y prácticas.

Por lo tanto, las Escuelas en la Naturaleza adoptan, en gran medida, los principios de las pedagogías nuevas y alternativas, en particular aquellas que buscan fundamentar la educación en el niño en su totalidad, atendiendo a sus necesidades, intereses y todas sus dimensiones: física, social, intelectual y emocional. Se hace hincapié en la libertad, la autonomía, la responsabilidad, pero también en la confianza y la cooperación. La interacción del niño con la naturaleza se convierte en el nexo entre las diversas prácticas elegidas.

---

[49] P. Meirieu, *La Riposte. Écoles alternatives, neurosciences et bonnes vieilles méthodes: pour en finir avec les miroirs aux alouettes*, París, Autrement, 2018.

4

ENSEÑAR CON LA NATURALEZA: APORTACIONES Y CARACTERÍSTICAS DE ESTA PEDAGOGÍA

Acercar a los niños a su entorno mediante la enseñanza en la naturaleza supone abordar la educación de una manera diferente. La situación sanitaria, las preocupaciones sobre el futuro y la necesidad de actuar en favor de la transición ecológica ofrecen un contexto favorable y perspectivas para la «escuela al aire libre». ¿Sabrán los diferentes agentes de la educación —institución escolar, padres y madres, profesionales de la docencia y asociaciones— aprovechar este contexto para promover el acceso de los niños y de las niñas a los recursos naturales?

Una naturaleza esencial para todos, respetando el ritmo de las estaciones

Las investigaciones en psicología ambiental ya demostraron en la década de 1970 que los entornos naturales cercanos, el ejercicio físico al aire libre y las actividades en torno a la naturaleza tienen un impacto positivo sobre la salud y el bienestar de las personas.[50]

---

[50] Cfr. M. Kuo, M. Barnes y C. Jordan, «Do experiences with nature promote learning converging evidence of a cause-and-effect relationship», *op. cit.*

Mucho antes de la crisis sanitaria, la medicina ya había documentado un aumento de la «solastalgia» o «ecoansiedad» (angustia psicológica relacionada con los cambios irreversibles del medioambiente, en particular con los concernientes al cambio climático y a la pérdida de biodiversidad), debido a la urbanización excesiva y a la proliferación del hormigón en lugares con alta concentración humana.[51]

¿En qué medida una educación en estrecha unión con el medio natural permite adquirir saberes y competencias estructurados con el objetivo de cuestionar la forma en que los ecosistemas se relacionan entre sí? En este sentido, algunos investigadores han estudiado el impacto que tiene la visión de la naturaleza desde las casas en el rendimiento infantil. Los resultados muestran que las niñas se ven un 20 % más afectadas en su rendimiento escolar por la visión de la naturaleza que los niños.

Es necesario prestar atención al hecho de que enseñar con y en la naturaleza requiere respetar los ecosistemas. Esto pasa por comprender y aceptar el ritmo de las estaciones. Integrar este ritmo nos permite modificar nuestros comportamientos y nuestras expectativas como consumidores; por ejemplo, consumir alimentos de proximidad y de temporada tendrá un impacto directo en términos de transición ecológica y preservación del medioambiente. Observar la naturaleza, conocerla mejor, tomar conciencia de su fragilidad nos lleva, de hecho, a transformar nuestros hábitos y nuestro estilo de vida.

[51] H. Askland y M. Bunn, «Lived experiences of environmental change: Solastalgia, power and place», *Emotion, Space and Society*, 27, 2018, pp. 16-22.

El lugar del cuerpo redefinido en la enseñanza fuera del aula

La presencia de la naturaleza influye en nuestro comportamiento y en nuestras emociones. La actividad física y las actividades al aire libre son fundamentales para el bienestar, frente a un estilo de vida sedentario que ocasiona problemas de salud como la hiperactividad, la ansiedad, la obesidad y el estrés. Esto es aún más cierto en el caso de los niños y las niñas, que, al igual que los adultos, necesitan hacer ejercicio para ser receptivos y participar en el aprendizaje. Los juegos, el tiempo que se pasa en medio de la naturaleza para observar, correr, cantar, escuchar y oler contribuyen a mejorar la autonomía y la confianza. Esto crea una nueva relación con uno mismo, con el entorno y con la temporalidad.

Desde el punto de vista educativo, tener en cuenta las necesidades y los intereses del niño durante el trabajo en la naturaleza se revela beneficioso para su desarrollo psicológico y se traduce en una mayor facilidad para el aprendizaje, así como en un desarrollo cognitivo más rico. En nuestro sistema educativo, la relación con el cuerpo está limitada por una forma escolar normalizada en el espacio cerrado del aula. Nuestra sociedad ha instituido una educación que privilegia los conocimientos académicos en detrimento de los saberes extraídos de la experiencia, y que aleja a los alumnos de sus condiciones de vida y su corporalidad. La búsqueda de la coherencia entre la percepción y el cuerpo se aprende, y las actividades al aire libre subrayan la importancia de este equilibrio entre los niños y su entorno. Estudios basados en la observación de alumnos y alumnas que aprenden vocabulario durante salidas escolares a la naturaleza han demostrado, por ejemplo, que el aprendizaje de vocabulario es un 20% más rápido después de una carrera intensa o tras 12 semanas de entrenamiento cardiovascular.[52] Además, la actividad física practicada durante la infancia aumentaría la resiliencia del cerebro a lo largo de la vida del individuo y, por lo tanto, provocaría una mejor capacidad de adaptación a los avatares de la vida adulta.

Los estudios sobre la conformación del saber y las investigaciones en didáctica profesional ayudan a comprender cómo se puede llevar a cabo el desarrollo y la incorporación de conocimientos relacionados con la práctica, con el fin de tejer nuevas relaciones entre los saberes, la naturaleza y el cuerpo. Según Reverdy,[53] si la manera de enseñar lo vivo «involucra con fuerza al alumno o a la alumna, tanto en lo referido a su forma de aprehender la vida más allá de ellos mismos —que difiere en función de las culturas, las religiones y el contexto de aprendizaje— como en la relación necesariamente personal con el cuerpo», entonces, esa enseñanza no puede concebirse de manera independiente de la corporeidad.

En un sistema educativo que tiende a restringir el espacio del cuerpo, ¿cómo permitir la incorporación de los conocimientos que se asimilan a través de la práctica? ¿No sería necesario sensibilizar sobre la naturaleza desde una edad temprana? Sensibilizar al niño sobre la naturaleza y posibilitar que esté en contacto con la fauna y la flora son medidas importantes, ya que los estudios han demostrado su relación con el éxito del alumnado. Gracias a las

[52] H. Van Praag, «Exercise and the brain: something to chew on», *Trends in Neurosciences,* 32/5, 2009, pp. 283-290.

[53] C. Reverdy, «Comment accompagner l'apprentissage des élèves?», *IFÉ Édubref,* septiembre de 2018.

actividades en la naturaleza y a un entorno menos normativo que el del aula únicamente, el niño se muestra más activo y propenso a aprender. Se le puede estimular y motivar con mayor facilidad mediante actividades concretas relacionadas con el deseo de hacer, de observar, de explorar y de experimentar, solo o con sus iguales. El descubrimiento, la exploración del entorno y la experimentación en espacios diferentes a los del aula desarrollan la curiosidad y otras formas de creatividad. Observar, escuchar, oler, tocar, correr, construir, crear y experimentar forman parte de la esencia de ese vínculo entre el niño y la naturaleza. Jugar con elementos naturales y recolectar para fabricar objetos son otras tantas vías de desarrollo de sus conocimientos. El objetivo es vivir un momento privilegiado en el despertar de los sentidos.

La inmersión en la naturaleza, ¿modifica la percepción de los demás en la infancia?

Las investigaciones en psicología del desarrollo revelan que el aprendizaje adaptativo[54] procede de una inmersión en un entorno, ya que la experimentación conduce a la constitución de aprendizajes adaptados a cada alumno.

Los niños pequeños, al interactuar con sus iguales, transmiten conocimientos de forma implícita, por imitación del otro. Estos conocimientos se integran en los gestos cotidianos y se formalizan mediante el lenguaje gracias al docente.[55]

Toda experiencia vivida corporalmente se inserta en el campo de la conciencia, una idea que los anglosajones expresan con el término

[54] V. Psyché y P. Ruer, «L'apprentissage adaptatif intelligent», *Le Tableau*, 4, 8, 2019.

[55] A. Tricot, *Les Neurosciences en éducation*, París, Retz, 2017.

embodiment. Así, según Gaussel,[56] el cuerpo y la conciencia son indisociables: «Los gustos, los esquemas de percepción, las categorías mentales, las maneras de ver el mundo también son interiorizados por el ser humano».

Gracias al aprendizaje regular en la naturaleza, el niño desarrolla un apego por el lugar, un sentimiento de pertenencia a ese espacio, y, en consecuencia, lo respeta. Este factor es importante para integrar la protección de la fauna y la flora mediante gestos ecorresponsables, que se aprenden observando a los demás y poniéndolos en práctica de forma concreta.

No obstante, los saberes que se enseñan a veces permanecen desconectados de los saberes que se deben aplicar fuera de la escuela. En los espacios escolares, a menudo se descuida la utilización de los entornos externos como marco educativo. Sin embargo, los defensores de la nueva educación promovieron la transformación de los espacios con el fin de convertir las escuelas en lugares de vida que conecten el aprendizaje con el mundo cotidiano. De hecho, el aprendizaje se entiende ahora desde un enfoque multidimensional que comprende elementos cognitivos, sociales y experienciales. El entorno de aprendizaje ideal es aquel donde se desarrollan estas diversas dimensiones, promoviendo el cambio de una pedagogía centrada en el docente por otra centrada en el educando.

Estar en contacto constante con la naturaleza no solo implica descubrir el mundo, lo cual ya es esencial, sino también la capacidad para abrirse a los demás gestionando las emociones y mejorando la empatía. A través de actividades en grupo, el aprendizaje en la naturaleza permite fomentar la ayuda mutua y la cooperación, y constatar que compartir aumenta el placer de aprender y de hacer.

---

[56] M. Gaussel, «Que fait le corps à l'école», *IFÉ Bulletin de veille*, 126, noviembre de 2018.

La inmersión en la naturaleza, ¿modifica la manera de aprender?

Las actividades en un entorno natural no solo dan lugar a exploraciones y momentos de vida social, sino también a la adquisición de todas las competencias de los planes de estudio. En Francia, los programas del Ministerio de Educación Nacional, Juventud y Deportes han tenido en cuenta la necesidad de conocer el medioambiente, la educación para el desarrollo sostenible y la realización de «salidas escolares».

La idea es pensar las salidas al aire libre como herramientas educativas en las que se tienen en cuenta las necesidades del niño: moverse, gritar, correr…, aparte de acercarse de otra manera al entorno. El descubrimiento de los elementos naturales es, pues, una forma de dejar a un lado el aprendizaje exclusivamente teórico y de materializar los conocimientos para enfrentarse al medio a través de los sentidos, el cuerpo y la personalidad.

Jean-Jacques Rousseau y Johann Heinrich Pestalozzi pusieron de relieve la importancia de la naturaleza en el desarrollo armonioso de los niños. Los pedagogos de la nueva educación de principios del siglo XX, como Célestin y Élise Freinet u Ovide Decroly, teorizaron sobre esta escuela de la vida, en la que conviene salir del aula para observar, experimentar y comprender.

Cuando se enseña en la naturaleza, el alumno se convierte en protagonista de su propio aprendizaje mediante una actividad de investigación. El asunto de la transposición didáctica pone en tela de juicio la elección de los saberes que se deben enseñar. Según Reverdy, «la reflexión didáctica ganaría, por una parte, al considerar los procesos de conceptualización que transforman los conocimientos en cuestión en objetos de aprendizaje adecuados y, por otra, al plantear el propio estatus del conocimiento como objeto que construir».

La capacidad de tomar decisiones en circunstancias diversas requiere incorporar «actitudes, valores, competencias y conocimientos».

Así, el contacto con la naturaleza mejoraría la memoria, la atención, la concentración y las capacidades cognitivas gracias a un trabajo realizado en un clima de confianza.[57] Los resultados de McCree indican mejores habilidades matemáticas en estos niños y niñas.[58] En paralelo, Ghafouri informa de la mejora en el desarrollo de conceptos abstractos, como la muerte de los animales.[59]

El hecho de que los niños vivan y experimenten por sí mismos parece favorecer todas las áreas del aprendizaje, incluidas la lingüística y la matemática. De hecho, algunas competencias se adquieren a través de la actividad en la naturaleza: el razonamiento lógico, la representación en el espacio, la orientación en el tiempo y en el espacio… Además, las salidas permiten el desarrollo del lenguaje (discurso narrativo, en especial durante los numerosos juegos de mímica).

Este trabajo se fortalece con la aportación por parte del docente de lecturas de literatura infantil y juvenil. Un estudio centrado en la aparición de la escritura (lectura y escritura) puso de manifiesto una evolución positiva en los niños.

[57] J. Jørgensen, «Bringing the jellyfish home: environmental consciousness and sense of wonder in young children's encounters with natural landscapes and places», *Environmental Education Research*, 22, 8, 2016, pp. 1139-1157.

[58] M. McCree, R. Cutting y D. Sherwin, «The Hare and the Tortoise go to Forest School: taking the scenic route to academic attainment via emotional wellbeing outdoors», *Early Child Development and Care*, 188, 7, 2018, pp. 980-996.

[59] F. Ghafouri, «Close encounters with nature in an urban kindergarten: a study of learners' inquiry and experience», *Education*, 3-13, 42, 2014.

El estudio de McCree

La publicación del equipo de McCree ofrece un estudio realizado con 11 alumnos de entre cinco y siete años procedentes de entornos desfavorecidos desde el punto de vista social, comportamental y económico, en el contexto de salidas regulares al aire libre. Este estudio tiene por objeto comprender el impacto del apego de los alumnos por las materias que se imparten fuera de las aulas (Matemáticas, Francés, Ciencias, etc.) y el bienestar que se deriva de la reconexión con la naturaleza. La idea es observar cómo los juegos libres en la naturaleza favorecen la socialización entre iguales, establecen una resiliencia emocional y una autorregulación de los comportamientos de los alumnos. Los datos obtenidos demuestran la relevante relación que existe entre aprendizaje emocional y bienestar desarrollados al aire libre y la adquisición de conocimientos.

Las «habilidades» desarrolladas mediante una enseñanza en la naturaleza

El aprendizaje motor

Las actividades al aire libre animan a los niños y a las niñas a activarse con diferentes niveles de intensidad y a experimentar una mayor variedad de movimientos que en el aula. Su participación en juegos que implican riesgos, como persecuciones por cuestas o la superación de obstáculos, contribuye al desarrollo de las habilidades motoras. Los desplazamientos en entornos naturales son una forma de explorar el repertorio lingüístico relacionado con la locomoción, especialmente en la etapa preescolar (ritmo lento-rápido y desplazamientos: saltar, correr, mantener el equilibrio, trepar, brincar, rodar...). Durante una excursión por el bosque, por ejemplo, trepar se hace en un árbol caído al suelo; saltar se lleva a cabo sobre rocas u otros elementos del camino; rodar se realiza en la hierba en terreno llano o en pendiente; lanzar se efectúa con la ayuda de ramas, piedras pesadas o ligeras, y deslizarse se materializa en cualquier lugar donde haya cuestas. También es posible trabajar el grafismo a partir de elementos naturales (la espiral de la concha de un caracol...), desarrollar las competencias informáticas mediante el uso de tabletas digitales, cámaras fotográficas o, para los más mayores, códigos QR/Flash.

En un entorno natural, los niños y las niñas desarrollan su confianza en sí mismos y la sensación de controlar lo que les sucede, en particular mediante la gestión de riesgos. Así, la exploración del medio físico favorece el desarrollo de su autorregulación y les enseña a velar por su propia seguridad y bienestar.

De hecho, al poder moverse con libertad, los niños y las niñas aprenden con el docente a estar atentos a los posibles riesgos y a ser conscientes de las medidas que deben poner en práctica para garantizar su seguridad y la de sus iguales. Además, hay trabajos que demuestran que cada niño y cada niña se acerca a la naturaleza a su modo, de forma única y personalizada. Así, no todos se sienten atraídos por las mismas actividades, lo que demuestra la afirmación de su personalidad. Es interesante observar que los juegos de los niños en el medio natural están poco estereotipados en función del género. No obstante, es necesario prestar atención a algunos comentarios formulados por los adultos, que pueden seguir ahondando en estereotipos (por ejemplo, «los niños hacen..., mientras que las niñas...»).

La expresión de la sensibilidad

Aprender en la naturaleza ofrece muchas oportunidades para trabajar contenidos sensibles, como el *arte ambiental*, los tintes vegetales, los sonidos del entorno (piedras, avellanas, hojas, madera…), etc. Si bien en algunos momentos el docente puede observar a los niños y niñas cantar e interactuar de forma espontánea con la música, también puede guiar ciertos juegos cantados y acompañarlos en la realización de proyectos musicales. Se puede proponer al alumnado que grabe o dibuje los sonidos que escucha durante una salida al aire libre, con objeto de documentar los diferentes paisajes sonoros.

Ejemplos de aprendizaje disciplinar que pueden concretarse con «salidas a la naturaleza»

La biología permite estudiar la vida y el funcionamiento de los seres vivos. En las excursiones escolares, no es raro descubrir insectos. Podemos preguntarnos de qué se alimentan, cómo clasificarlos contando sus patas y llegar a una clave de identificación para los más grandes. Estas observaciones *in situ* permiten enseñar a los alumnos que se requiere calma y paciencia para observar a los animales. El apoyo de los adultos es esencial para describir, comparar, catalogar, etc. La interactuación con ellos en torno a sus preguntas los ayuda a conocer mejor su propio pensamiento, a establecer conexiones y a plantear hipótesis que derivarán en conocimiento. Los momentos de atención conjunta que se producen, es decir, el hecho de compartir un interés sostenido y auténtico por un elemento particular de la naturaleza (por ejemplo, la escarcha sobre las plantas), constituyen poderosas herramientas para afianzar el aprendizaje infantil y el desarrollo de la sensibilidad ecológica. En un entorno natural, el adulto no controla el medioambiente. Le resulta más fácil adoptar una postura de coexplorador y de coaprendiz, animando a los niños a utilizar sus sentidos para escuchar, mirar, oler y tocar, lo que fomenta su asombro y su curiosidad.

La astronomía estudia el sistema solar, las estrellas y las galaxias. Los astrónomos, por ejemplo, tuvieron que observar el cielo durante mucho tiempo antes de poder explicar el fenómeno de las fases lunares y, hoy en día, predecirlas con exactitud. Lo mismo ocurre con el movimiento aparente del Sol y la constitución de nuestro sistema solar.

La química estudia los elementos, las moléculas, las reacciones... Se puede analizar la composición de un suelo con un poco de vinagre para saber si es calcáreo o, por el contrario, analizar la composición de los suelos ricos en arcilla para crear charcos (pequeños estanques)... También es probable que, durante los desplazamientos, el alumnado encuentre objetos metálicos oxidados (trabajo sobre la oxidación), y que otros no lo estén. En geología, podemos divertirnos comprendiendo cómo se forman los cristales, las montañas y los fósiles que se hallan en las excursiones y hablar de la historia de la Tierra.

En física, se puede comprender el desplazamiento de las abejas prestando atención a la luz ultravioleta, a los sonidos y a los ultrasonidos que permiten que muchos animales se ubiquen (murciélagos), al calor (del Sol) para crear paneles fotovoltaicos, al magnetismo de algunas rocas, y a la electricidad.

Para hacer frente a la compleja problemática actual, de la que forma parte la pérdida de biodiversidad o el cambio climático, en numerosas investigaciones, se propone una convergencia entre la enseñanza de las ciencias —centrada en los conocimientos y las competencias— y la educación medioambiental —centrada en la integración de valores y cambios de comportamiento a través de investigaciones colaborativas (por ejemplo, criar un *Physarum polycephalum*, a menudo denominado «moho de muchas cabezas» o *blob*)— para reforzar el compromiso por lo público, tal y como se propone en las escuelas ecociudadanas. El enfoque científico es crucial en ciencias.

El alumnado debe integrar el método científico identificando un problema, formulando una o varias hipótesis, descubriendo un protocolo de actuación, analizando sus observaciones y, por último, respondiendo a la pregunta. Es la experimentación la que permite asociar ideas y descubrir relaciones entre dos variables, ya sean relaciones de causalidad o de correlación. Los saberes científicos que se estudian en la actualidad en la escuela son los que han perdurado en el tiempo y han sido objeto de numerosos procesos de validación por parte de los científicos. Por esta razón, la educación científica también permite al alumnado comprender cómo se desarrollan las ciencias, lo que se denomina la «naturaleza de las ciencias». Comprenderla significa, en particular, tomar conciencia de que el conocimiento está sometido a cambios. Las modificaciones comportamentales suponen una integración de los sentimientos relacionados con los temas medioambientales. No se puede ignorar la experiencia sensible como punto de partida de una «ecología mundial». La naturaleza adquiere, entonces, un potencial inagotable para trabajar el aprendizaje científico. El mundo vivo y no vivo es una fuente desbordante de preguntas y de aprendizajes.

Las escuelas ecociudadanas

Más allá de la iniciación al desarrollo sostenible, al conocimiento y al respeto por el medioambiente, que hoy en día forman parte de los programas escolares, las escuelas ecociudadanas implican al alumnado en acciones concretas, como la eliminación del asfalto y la naturalización de los patios de recreo. Por su parte, la red Ecoescuela representa a varios miles de centros escolares que, desde 2005, trabajan para desarrollar competencias específicas en materia de desarrollo sostenible y de educación.

La educación ambiental en los planes de estudio

El medioambiente se refiere al conjunto de condiciones naturales y culturales que puede afectar a los seres vivos. Los seres humanos, como seres vivos entre otras especies, se ven influidos por su entorno y, a su vez, lo moldean con sus acciones y sus equipamientos, de modo que el medioambiente evoluciona con el paso del tiempo. La educación sobre el medioambiente y para el medioambiente educa sobre la condición humana.

En la década de 1970, el tema medioambiental volvió a situarse en el centro del debate político con los primeros pasos de los partidos ecologistas. Pero fue en 1977 cuando apareció por primera vez la Educación para el Desarrollo Sostenible en los textos oficiales. A raíz de ello, la educación ambiental se convirtió en una preocupación, mientras que numerosos pedagogos ya la habían integrado en su proyecto de aula: salidas a la naturaleza, clases de descubrimiento, creación de huertos, minigranjas de animales..., todas ellas actividades que permitían al alumnado interactuar con el entorno.

Las preocupaciones y la relación con las cuestiones ambientales varían de manera considerable según las zonas y las épocas. A finales de la década de 1980 y de la de 1990, las sociedades occidentales tomaron conciencia de la necesidad de preservar los frágiles equilibrios, mientras que los países del Sur impulsaban su crecimiento económico para fomentar el desarrollo o, dicho de otro modo, la mejora general del nivel de vida de la población.

El concepto de «desarrollo sostenible» se originó poco a poco a finales de la década de 1980, antes de ser formalizado y recogido por primera vez en 1987 en el *Informe Brundtland*, redactado por la Comisión Mundial sobre el Medio Ambiente y el Desarrollo de la Organización de las Naciones Unidas (ONU).

La Educación Ambiental y para el Desarrollo Sostenible encaja perfectamente en los debates sociales y en los desafíos actuales.

Las temáticas relacionadas con el medioambiente remiten a cuestiones de estrategias y argumentación de los agentes territoriales (municipios o asociaciones) para desarrollar y poner en valor los territorios. En Francia, la Educación Ambiental y para el Desarrollo Sostenible se incluye desde el inicio del curso escolar 2004 en los planes de estudio de todos los niveles, desde la escuela maternal hasta el instituto,[60] para permitir adquirir los conocimientos y la metodología indispensables para situarse en su entorno y actuar sobre él de manera responsable. Hubo que esperar hasta 2013 y a la ley francesa denominada «de refundación», además de a los nuevos planes de estudio de 2015, para que se incorporasen plenamente a las normativas oficiales.

Marie Jacqué destaca la aparición de la Educación Ambiental como espacio de convergencia entre los enfoques naturalistas y ecologistas, así como la necesidad de que la institución educativa integre este tema en los programas.[61] Sin embargo, este «encuentro» no se ha traducido en una reforma de las prácticas pedagógicas en este ámbito.

A pesar de que los conceptos de «transición ecológica» y «calentamiento global» se añadieron a las normativas oficiales, la capacitación del personal sigue siendo limitada. La Educación Ambiental se concreta por iniciativa exclusiva de los equipos que deciden apostar por este ámbito. En 2020, en el *Informe Jouzel*, se recuerda que la transición ecológica merece un esfuerzo, desde la primaria hasta el final de la secundaria, centrado en todo el alumnado.

---

[60] La Ley Orgánica 3/2020, que modifica la Ley Orgánica 2/2006 de Educación (Lomloe), es la primera norma educativa española donde se incorpora, de modo explícito, la Educación para el Desarrollo Sostenible y la Educación para la Ciudadanía Mundial, en línea con la Agenda 2030 (N. de E.).

[61] M. Jacqué, «L'éducation à l'environnement: entre engagements utopistes et intégration idéologique», *Cahiers de l'action*, 2016, I, 47, pp. 13-19.

En el marco conceptual de la Agenda 2030 y los 17 ODS, el grupo coincidió en que la urgencia de los retos relacionados con el clima y la biodiversidad exige reforzar su presencia en la formación, ya que la transición ecológica se basa, fundamentalmente, en un enfoque sistémico fundamentado en la ciencia, la equidad y la inclusión social.

Objetivos de Desarrollo Sostenible: 1. Erradicar la pobreza. 2. Poner fin al hambre. 3. Garantizar la vida sana y promover el bienestar. 4. Asegurar una educación de calidad. 5. Igualdad entre géneros. 6. Agua limpia y saneada. 7. Energía asequible y no contaminante. 8. Trabajo decente y crecimiento económico. 9. Industria, infraestructuras e innovación. 10. Reducir las desigualdades. 11. Ofrecer ciudades sostenibles. 12. Promover un consumo responsable. 13. Combatir el cambio climático. 14. Conservar la vida submarina. 15. Proteger ecosistemas terrestres. 16. Impulsar sociedades pacíficas. 17. Alianzas para el desarrollo sostenible.

La Educación Ambiental y para el Desarrollo Sostenible no es una materia de pleno derecho, sino más bien un planteamiento en el que se cruzan varias disciplinas para comprender la complejidad del mundo. Estudiar el medioambiente equivale, en definitiva, a cuestionar el mundo que rodea al alumnado, interrogándose sobre los grandes debates sociales. La Educación para el Desarrollo Sostenible se enmarca en el objetivo más amplio de concienciar al conjunto de los estudiantes sobre la complejidad de los diversos fenómenos del mundo contemporáneo: aprovechamiento de las energías, renovación de los recursos, agotamiento de los combustibles fósiles, desarrollo de nuevas tecnologías para explotar las materias primas o para responder a las necesidades de los seres humanos.

Esta perspectiva debe tener en cuenta obligatoriamente las interacciones entre las personas (las sociedades), el medioambiente (el espacio que nos rodea y la naturaleza en sentido amplio), la economía y la cultura.

En líneas generales, se distinguen cuatro áreas de actividades pedagógicas para motivar al alumnado. Las actividades pueden abarcar varias áreas, según los objetivos iniciales de los docentes y el nivel del alumnado en cuestión:

— *La biodiversidad:* la idea es hacer comprender que la riqueza no solo es útil (no conocemos todas las especies vivas de la Tierra), sino también indispensable para el funcionamiento de las sociedades humanas. La especie humana funciona en un entorno que forma un ecosistema con otros seres vivos (animales o vegetales). La integración de la biodiversidad remite al tema de la ordenación del territorio.

— *La evolución del paisaje:* este estudio debe centrarse en los elementos naturales (el relieve o las grandes agrupaciones paisajísticas) y en la historia (los paisajes evolucionan con el tiempo y no son los mismos en una sociedad que en otra), pero también en las dinámicas (¿cuáles son las recomposiciones y los principales equilibrios detectables en los paisajes?). El estudio de los paisajes sigue siendo uno de los pilares fundamentales de la geografía.

— *La gestión del entorno:* ¿cómo desarrollar los espacios utilizados por el ser humano limitando al máximo los riesgos (inundaciones, terremotos, contaminación química, etc.)? Es indispensable tener en cuenta el medioambiente para garantizar un desarrollo seguro de las sociedades humanas. La explotación de determinados recursos y/o espacios puede entrañar degradaciones (contaminación) que tienen un impacto negativo en la calidad de vida de las personas. A este respecto, puede abordarse con el alumnado el principio de precaución, basado en la idea de prevención.

— *Reutilizar — reciclar — reducir el impacto:* la cuestión de los residuos cada vez cobra mayor importancia en los debates políticos y sociales. ¿Se debe limitar la producción de residuos? ¿Existen alternativas para luchar contra el despilfarro, como el reciclaje o la reutilización de objetos restaurados? La toma en consideración del agotamiento de los recursos naturales (por esta razón, denominados «recursos fósiles») conduce a inclinarse por nuevos modelos. Los «centros de reciclaje», que ofrecen una nueva vida a objetos destinados a ser desechados, son uno de los ejemplos más emblemáticos de estas nuevas tendencias de consumo. Cada vez más, se anima a los consumidores a actuar como ciudadanos para frenar la degradación o el agotamiento de los recursos naturales. Estos temas pueden abordarse desde la doble perspectiva de la geografía y la educación moral y cívica.

En la Lomloe se establece que el alumnado ha de tener unas competencias determinadas al finalizar la enseñanza primaria y la ESO (también en el bachillerato), que se recogen en el «perfil de salida». Para ello, se establecieron una serie de descriptores operativos para cada una de las competencias. Ejemplos de algunas de ellas son:

Al completar la educación primaria, el alumno o la alumna…	Al completar la enseñanza básica, el alumno o la alumna…
STEM5. Participa en acciones fundamentadas científicamente para promover la salud y preservar el medioambiente y los seres vivos, aplicando principios de ética y seguridad y practicando el consumo responsable	**STEM5.** Emprende acciones fundamentadas científicamente para promover la salud física, mental y social, y preservar el medioambiente y los seres vivos, y aplica principios de ética y seguridad en la realización de proyectos para transformar su entorno próximo de forma sostenible, valorando su impacto global y practicando el consumo responsable
CC2. Participa en actividades comunitarias, en la toma de decisiones y en la resolución de los conflictos de forma dialogada y respetuosa con los procedimientos democráticos, los principios y valores de la Unión Europea y la Constitución española, los derechos humanos y de la infancia, el valor de la diversidad y el logro de la igualdad de género, la cohesión social y los ODS	**CC2.** Analiza y asume de manera fundada los principios y valores que emanan del proceso de integración europea, la Constitución española y los derechos humanos y de la infancia, participando en actividades comunitarias como la toma de decisiones o la resolución de conflictos, con actitud democrática, respeto por la diversidad y compromiso con la igualdad de género, la cohesión social, el desarrollo sostenible y el logro de la ciudadanía mundial

CC4. Comprende las relaciones sistémicas entre las acciones humanas y el entorno, y se inicia en la adopción de estilos de vida sostenibles, para contribuir a la conservación de la biodiversidad desde una perspectiva tanto local como global

CC4. Comprende las relaciones sistémicas de interdependencia, ecodependencia e interconexión entre actuaciones locales y globales y adopta, de forma consciente y motivada, un estilo de vida sostenible y ecosocialmente responsable

Un enfoque experimental que favorece el intercambio: ayuda mutua, colaboración, cooperación…

En las actividades en y con la naturaleza, se recurre a la experimentación, la cual, cuando se lleva a cabo en grupo, es una fuente privilegiada para compartir e intercambiar vivencias. Se trata de un medio para desarrollar los valores de empatía y ayuda mutua hacia nuestros semejantes y también hacia todos los seres vivos con los que cohabitamos en el planeta. Por ejemplo, a través del contacto con el mundo animal y la observación de la organización de las sociedades de insectos (colonias de hormigas), donde cada individuo desempeña un papel en el cuidado de las crías, la caza o la defensa del grupo. Esta perspectiva de distancia con respecto al mundo animal y vegetal, a través de la comprensión de su funcionamiento, es necesaria e invita al respeto de cada especie.

En el contexto de la enseñanza de aspectos de actualidad desde el punto de vista social, los cambios conceptuales de los alumnos se ven favorecidos cuando estas cuestiones poseen una proximidad «axiológica y afectiva», es decir, cuando pertenecen a su entorno cercano e «interpelan a su sistema de valores».[62]

---

[62] C. Reverdy, «Les recherches en didactique pour l'éducation scientifique et technologique», *Dossier de veille de l'IFÉ*, 122, febrero de 2018.

La educación a través de la naturaleza, al favorecer las interacciones espontáneas entre los miembros del grupo, hace que los conflictos sean menos frecuentes, ya que no se trata de un espacio restringido, como el aula o el patio de recreo. A pesar de que el lugar no está tipificado ni protegido, en las escuelas en la naturaleza los accidentes son muy escasos. Las situaciones de aprendizaje propician el desarrollo de las relaciones entre iguales y la negociación.

Los juegos de mímica (o juegos simbólicos) se desenvuelven de manera natural, gracias, entre otras cosas, a la presencia de material libre y versátil (ramas o piedras). Según McClain y Vandermaas-Peeler,[63] los niños y las niñas muestran más comportamientos sociales positivos. Cooperar y necesitar a los demás para ayudarse mutuamente no es un signo de debilidad, sino que, por el contrario, favorece un mejor conocimiento de sí mismo.

Los niños y las niñas enseguida aprenden a identificar y fijar sus propios límites y, en consecuencia, se convierten en autónomos rápidamente. El docente es el garante de la seguridad y del aprendizaje logrado por los alumnos.

La necesidad de reconectar con la naturaleza: un proyecto escolar y familiar

Aprender con la naturaleza no se reduce solo a la escuela, sino que también se lleva a cabo en contacto con las familias, durante el fin de semana o las vacaciones. No se trata de que los padres le den una estructura formal al aprendizaje y a las competencias, sino de que contribuyan a sensibilizar a sus hijos e hijas sobre la naturaleza y el entorno.

[63] C. McClain y M. Vandermaas-Peeler, «Social contexts of development in natural outdoor environments: children's motor activities, personal challenges and peer interactions at the river and the creek», *Journal of Adventure Education and Outdoor Learning*, 16, 1, 2016, pp. 31-48.

Para ello, las familias pueden buscar inspiración en algunas experiencias escolares:

— *El paseo.* Algunas escuelas, como la Escuela Libre de Saint-Vaast en Bélgica, optan por pasar varias mañanas a la semana en el bosque con todos los alumnos de infantil. Todo es motivo de aprendizaje, empezando por los preparativos, la organización de las actividades previstas y el material necesario. Ya en el lugar, a veces hay que montar tiendas de campaña o lonas impermeables, así como algún mobiliario rudimentario. En este sentido, no faltan las actividades manuales: cargar, transportar, cortar, tallar, serrar… La observación de la naturaleza es el eje central de este enfoque educativo: «todo tipo de fauna y flora». El espacio natural invita a explorar los relieves y los olores, estimulando los cinco sentidos. Ante la variedad de posibilidades, la elección de las actividades es compleja. Los padres pueden acompañar, ayudar y observar a sus hijos e hijas y permitirles tomar decisiones, hacer propuestas y realizar descubrimientos recurriendo a la imaginación.

— *La función del juego en la educación con la naturaleza.* Los niños y las niñas más pequeños necesitan moverse, descubrir, tocar y asombrarse… Desde este punto de vista, una pedagogía basada en un enfoque educativo en un entorno natural parece totalmente adecuada. Es importante que el niño pueda descubrir, solo o con sus compañeros, nuevos lugares, materiales (madera, musgo, hojas…), texturas, colores, sonidos u olores. Es una oportunidad para que se invente nuevos juegos y estimule la imaginación. Así, el juego es libre cuando deja la iniciativa en manos del niño. Se vuelve estructurado cuando se incorporan objetivos de aprendizaje identificados y exige que el niño preste atención, se concentre, se anticipe y memorice. En todas sus vertientes, el juego forma parte de la dimensión informal del aprendizaje, en la cual el niño progresa de acuerdo con su propio ritmo, en el marco de lo que elige según lo que inventa.

Aun así, la intervención de los adultos (padres o docentes) es fundamental: la organización temporal y espacial, y la diversidad de lugares propuestos que dan lugar a una variedad de aprendizajes, estimulan la creatividad y hacen que el niño sea más autónomo. En teoría, el concepto de «juego» engloba diversas características y permite aprender:

— Practicando.
— Reflexionando y resolviendo problemas.
— Recordando y memorizando.

Si bien el juego está al servicio del aprendizaje, es necesario que el niño sea consciente de lo que aprende mientras juega. El papel del adulto es orientarlo a que se pregunte por el proceso que ha seguido, por los ensayos y errores que lo han llevado a resolver un problema. Estos momentos de reflexión son indispensables antes, durante y después de la acción realizada por el niño. Un niño o una niña que juega al aire libre adquiere confianza en su actividad motora, al plantearse retos y poner a prueba sus habilidades. Gana en capacidades y en autonomía.

De este capítulo se puede concluir que el espacio natural contribuye al desarrollo de los niños, a su crecimiento y a la construcción de su visión del mundo y su ecociudadanía. La sensibilización sobre el medio vegetal y animal consiste en el proceso de observación y escucha de los animales, el viento, el agua que corre o los árboles que se mueven. También comprende acción, experimentación de nuevos territorios, de nuevos paisajes y de nuevas maneras de ser. Estos momentos lúdicos y felices permiten apuntalar con referencias y dar sentido a los conocimientos adquiridos por el alumnado.

5

LAS ESCUELAS EN LA NATURALEZA EN LA CIUDAD

La naturaleza está presente a nuestro alrededor en todo momento: en un parque en la periferia, en el jardín de nuestra casa, en una colina cercana, en los árboles a lo largo de una avenida, en la playa e incluso en el cielo, donde habita una biodiversidad invisible (bacterias, hongos y levaduras transportadas por las gotas de agua). Si bien el término «naturaleza» evoca un lugar donde el verde prevalece sobre el hormigón, también es fundamental prestar atención a esos pequeños rincones de vegetación presentes en la ciudad y no olvidar que, bajo el asfalto, hay tierra. En este capítulo descubriremos que, tal vez, la biodiversidad en la ciudad sea más importante de lo que imaginamos y que es interesante estudiarla para preservarla.

Enseñar la biodiversidad en la ciudad

La «biodiversidad» se clasifica en tres niveles: la diversidad de las especies («interespecífica»), la diversidad genética («intraespecífica») y la diversidad de comunidades y ecosistemas. La biodiversidad se asegura, en buena medida, gracias al libre desplazamiento de las especies, lo cual les permite encontrar alimento y reproducirse para garantizar la admixtión genética (mezcla de genes) necesaria para la preservación de la diversidad.

A lo largo de los últimos quinientos millones de años, la vida en la Tierra desapareció casi por completo en cinco ocasiones, debido a los cambios climáticos provocados por un intenso periodo glacial, a una intensa actividad volcánica y al meteorito que se estrelló en el golfo de México hace sesenta y cinco millones de años, borrando del mapa especies enteras, como los dinosaurios. Estos acontecimientos se conocen comúnmente como las «cinco extinciones masivas»:

— Extinción del Ordovícico (hace cuatrocientos cuarenta y cinco millones de años, se produjo la pérdida del 60-70 % de las especies; entre ellas esponjas, cefalópodos y algas; causa: periodo glacial).

— Extinción del Devónico (hace entre trescientos sesenta y trescientos setenta y cinco millones de años, pérdida del 75 % de las especies; causa: disminución del oxígeno en los océanos).

— Extinción del Pérmico (hace doscientos cincuenta y dos millones de años, pérdida del 95 % de las especies; entre ellas reptiles, trilobites e insectos; causas: actividad volcánica y asteroides).

— Extinción del Triásico (hace doscientos millones de años, pérdida del 70-80 % de las especies ancestrales de los futuros dinosaurios y reptiles; causas: actualmente en debate).

— Extinción del Jurásico (hace sesenta y cinco millones de años, pérdida del 75 % de las especies, incluidos los dinosaurios; causas: meteoritos y actividad volcánica).

De acuerdo con un estudio publicado en junio de 2013 en *Science Advances,* la tasa de extinción de especies podría ser, en la actualidad, cien veces más elevada que en las extinciones precedentes. En solo treinta años, ha desaparecido el 75 % de la biomasa de insectos, ¡los mismos que constituyen la base de la cadena alimentaria! En Francia, algunas poblaciones de aves han disminuido entre un 30 y un 70 %, según la especie. La ONU reconoce en un reciente informe que la especie humana, por su acción contaminante y colonizadora, es la responsable de la sexta extinción masiva.

De acuerdo con las previsiones de la ONU, la mayoría de la población europea vivirá en una zona urbana de aquí a 2050. Esta concentración humana está estrechamente relacionada con la expansión de las redes de infraestructuras y las superficies urbanizadas, en detrimento de los espacios verdes y las especies que los habitan. Cada año desaparecen bajo el asfalto muchos miles de hectáreas de superficie agrícola a causa de la urbanización, lo que equivale a la superficie media de una provincia entera cada diez años. El increíble despilfarro de este recurso natural, unido a los medios agrícolas, tiene graves consecuencias, tanto a nivel económico como social y medioambiental. Cabe citar al respecto la disminución de las tierras de cultivo, que ha provocado un debilitamiento del sector y una sobreexplotación de las tierras restantes. En el medio urbano, el cambio de las condiciones del terreno es uno de los factores que más influye en los procesos ecológicos: la permeabilidad de los suelos, que agrava los episodios de inundaciones, o su pérdida de capacidad para almacenar carbono. En particular, la proporción entre espacios impermeabilizados y espacios verdes y su distribución desempeñan un papel esencial para mejorar la biodiversidad urbana y sus dinámicas (por ejemplo, que los municipios planifiquen la interconexión dentro de las ciudades de las infraestructuras verdes —cobertura vegetal— y las azules —acuáticas: ríos o arroyos que atraviesan la ciudad—). A pesar de que la urbanización solo afecta al 3 % de la superficie del planeta, constituye la principal causa de degradación de la biodiversidad. La construcción de infraestructuras (carreteras o edificios) aumenta la fragmentación y la modificación de los hábitats naturales de las especies animales.

Paradójicamente, el impacto de la construcción humana también puede tener consecuencias beneficiosas para la biodiversidad. De hecho, los entornos urbanos pueden convertirse en refugios para determinadas especies animales y vegetales, tras la destrucción de los espacios naturales y la expansión de las zonas agrícolas intensivas, poco favorables para sus necesidades. El fomento y la preservación de la biodiversidad en las ciudades reclaman una gestión reflexiva sobre los espacios verdes, donde debe tenerse en cuenta el bienestar humano y el de las especies que viven en ellos, además de adaptarse al contexto social y económico de los barrios. Es realmente fácil plantar prados floridos, conservar madera muerta y mantener suelos de diferentes composiciones (granulometrías: arena o tierra), entornos que representan un recurso para especies con necesidades ecológicas muy variadas.

Así es como prosperan multitud de iniciativas para velar por la biodiversidad; entre ellas, las áreas educativas terrestres o los atlas de la biodiversidad. De este modo, todos los espacios urbanos pueden contribuir de manera global a la conservación, e incluso al desarrollo, de la biodiversidad. Uno de los retos en materia de ecología y ordenación del territorio tiene que ver con el refuerzo de las continuidades ecológicas (o corredores) para favorecer el desplazamiento de las especies y asegurar así su preservación. Para paliar el deterioro de la biodiversidad, las políticas de conservación de espacios naturales y de ordenación del territorio se han ido articulando progresivamente en conjunto (por ejemplo, las infraestructuras verdes y azules).

Las infraestructuras verdes y azules[64]

En Francia, estas infraestructuras nacieron en 2009 y 2010 a raíz de las denominadas «leyes Grenelle» y permiten que las ciudades identifiquen, organicen y planifiquen su red de continuidad ecológica.

[64] Véase <http://www.trameverteetbleue.fr/presentation-tvb/qu-est-ce-que--trame-verte-bleue/definitions-trame-verte-bleue>.

Con su diseño, se identifican diferentes «núcleos de naturaleza» (reservorios), así como las interrupciones que se producen en un territorio. El objetivo es detectar estas interrupciones de la continuidad ecológica para determinar las zonas «prioritarias» en las que hay que intervenir para reforzar o mantener la red. Estos rincones naturales pueden ser terrenos baldíos, parques urbanos o incluso jardines privados, mientras que las autopistas o las zonas industriales representan obstáculos para el desplazamiento de las especies.

Integrar la naturaleza en la vida cotidiana

Gestos sencillos y beneficiosos para la salud

Estar en contacto con la naturaleza favorece un ciclo más natural (día/noche), lejos de la luz de las pantallas, y proporciona mayor bienestar con uno mismo y con el entorno, ya que el estrés producido por elementos externos (redes sociales o contaminación acústica, debida a la densidad de población) se reduce. La «naturaleza» y, por ende, el delicado equilibrio de las condiciones bióticas y abióticas son indispensables para la supervivencia de las sociedades humanas y no humanas: provisión de alimentos o purificación del aire y del agua.

Sumergirse en un entorno natural (bosque, pradera, parque...), con dimensiones cognitivas, emocionales o afectivas, sin duda, nos permite tomar conciencia del mundo animal y vegetal que nos rodea y al que estamos unidos de forma compleja y dinámica. Existen numerosos estudios centrados en analizar los efectos fisiológicos y psicológicos de la naturaleza sobre el cuerpo y el cerebro humanos. Estos estudios abarcan diferentes ámbitos que intentaremos detallar a continuación.

La naturaleza reduce el estrés y refuerza la inmunidad

Pasar tiempo en la naturaleza (caminar, jardinería…) parece ser un remedio eficaz contra el estrés (disminución del nivel de cortisol en sangre, la hormona del estrés) y reduce los síntomas de depresión. Además, ralentiza el ritmo cardíaco y disminuye la tensión arterial. En un estudio de la Universidad de Illinois se demostró, asimismo, la relación entre el aumento de la inmunidad y el tiempo que se pasa en la naturaleza.

La naturaleza desarrolla la creatividad

Fabricar con nuestras propias manos objetos únicos nos aporta gozo y satisfacción. Al parecer, esta sensación nace de una especie de vaivén del pensamiento entre el modo racional y el intuitivo. Este último moldea el imaginario recurriendo a la memoria, las sensaciones y las emociones. Un estudio llevado a cabo por la Universidad de Kansas con una treintena de voluntarios estableció que una inmersión de cuatro días en la naturaleza produce una mejora del 50 % en la creatividad. En el ámbito escolar, los niños que trabajan en aulas al aire libre aprenden mejor y generan más ideas creativas.

La naturaleza favorece el sueño

La vida moderna, que nos induce a levantarnos temprano y a acostarnos tarde, siempre bajo la luz de bombillas eléctricas y pantallas digitales, habría retrasado nuestro reloj biológico interno en torno a dos horas. Según un estudio de la Universidad de Colorado, acampar solo un par de días reequilibra el ciclo natural de vigilia y sueño. Exponerse a la luz del sol desde por la mañana ayuda a prevenir los cambios de humor, el insomnio y el aumento de peso.

Niños y niñas con déficit de naturaleza

Los niños tienen cada vez menos acceso a entornos naturales; un porcentaje menor del 10 % juega en ellos con regularidad. El aumento de la densidad poblacional urbana está haciendo desaparecer los espacios verdes de los barrios, y los miedos de los padres provocan que los niños y las niñas pasen cada vez más tiempo dentro de sus hogares. Lo mismo ocurre en las zonas rurales, donde los niños ya no disfrutan tanto como antes de los parajes disponibles y también juegan con menos frecuencia al aire libre. El juego en lugares exteriores, después del colegio o el fin de semana, suele sustituirse por actividades organizadas en interiores. Se trata de un déficit de naturaleza perjudicial para los niños y las niñas.

A continuación, proponemos algunas medidas sencillas y accesibles para replantear y reintegrar elementos de la naturaleza en el entorno urbano con el alumnado:

— *Pasar 30 minutos al día en la naturaleza.* Leer o pasear por un parque o por la playa observando el lugar son momentos «en la naturaleza» que es fácil introducir en la rutina diaria.

— *Poner plantas verdes en el aula.* Además de purificar el aire, tienen un efecto calmante. En un estudio realizado por la NASA, se analizó un gran número de plantas y se detallaron las más purificadoras para los entornos contaminados.

— *Trabajar en el jardín.* Será más fácil si dispones de un jardín o de macetas en el patio. Si no es así, se pueden cultivar pequeños huertos en jardineras en el aula o en los alféizares de las ventanas. Un simple tarro con semillas germinadas encima del escritorio puede convertirse en un pequeño jardín.

— *Priorizar los materiales naturales.* Es posible utilizar madera y barro para el material escolar (cuadernos y lápices reciclados o reciclables). Nada más fácil que optar por envases de vidrio, en lugar de los de plástico, para almacenar comida o utilizarlos para meter lápices y pinceles (puedes aprovechar para reciclar tarros usados, que son recipientes de almacenamiento saludables y baratos).

— *Aproximarse a la naturaleza a través de la alimentación.* Cuando tomamos frutas y verduras en las comidas, ingerimos gran cantidad de fibra y de vitaminas. En el comedor, dar prioridad a las comidas elaboradas con productos de proximidad nos permite comer de forma más saludable, adaptándonos a las estaciones y reduciendo nuestro impacto en el medioambiente… También es recomendable ir con frecuencia al mercado con los alumnos y/o intentar recolectar alimentos en el entorno urbano (si se conocen bien las plantas y el lugar es adecuado para ello).

— *Compostar los residuos orgánicos.* Las mondas, las cáscaras, las hojas, el pan duro y otros restos de comida, es decir, los residuos orgánicos que se tiran a la basura, no se descomponen en los vertederos e incluso son una fuente de contaminación. Seguro que tu ciudad dispone de compostadores colectivos, pero, si no es así, ¿por qué no probar el lombricompostaje, que se presta de maravilla a su colocación en el aula?

Si bien nuestra herencia cultural y la dimensión salvaje de nuestra pertenencia al mundo animal entran en conflicto, poco a poco iremos reajustando nuestra rutina diaria. Podemos elegir entre huir de la ciudad o cambiarla. Así, en este capítulo intentaremos mostrar diferentes iniciativas posibles para encontrar espacios naturales donde trabajar y aprender, aunque la escuela esté en la ciudad: parques, riberas de ríos, patios acondicionados (jardines, patios oasis, etc.).

Las ciudades verdes

La integración de naturaleza y ciudad es una cuestión interesante para las políticas de desarrollo urbano sostenible. La pregunta que se plantea es cómo utilizar en la educación el actual proceso de naturalizar los espacios urbanos. La clásica oposición entre «ciudad» y «naturaleza» ha dado paso hoy en día a la «ciudad verde». En este sentido, desde la década de 1990, se ha producido una renovación de las actuaciones que se engloban en el concepto de «reverdecer» las ciudades.

Estas medidas se fundamentaron en los efectos favorables generados por la naturalización y la introducción de bosques urbanos. Se trata de desarrollar ciudades más resilientes, de limitar las consecuencias del calentamiento global, lo que en las zonas urbanas se traduce en revertir las islas de calor mediante la plantación de árboles o la instalación de cubiertas vegetales.

Los «espacios verdes» son un signo visible de naturalización. La proliferación de planes estratégicos que recibieron denominaciones como «infraestructura verde», «ciudad natural» o «ciudad verde» así lo demuestra. Las tramas turquesa y azul son, respectivamente, variantes de las zonas ripícolas y los cursos de agua que atraviesan las ciudades.

Así, pueden observarse, por ejemplo, franjas vegetales o forestales poco estructuradas en las que se ha optado por dejar que la naturaleza se extienda, como sucede en el Jardín Botánico de Montpellier, donde una fauna muy diversa está recolonizando, de forma natural, cada rincón: regreso de algunas aves, insectos y murciélagos. Sin embargo, el regreso de adventicios (recolonización por plantas silvestres) no resulta tan agradable, e incluso puede interpretarse como falta de mantenimiento por parte de los servicios municipales.

Descubrir un paisaje en miniatura en la ciudad (educación primaria)

— *Actividad previa:* sumergir a los niños y las niñas en un mundo imaginario y maravilloso contándoles una historia: «Vamos a explorar un mundo fantástico situado justo bajo nuestros pies, donde existe un paisaje en miniatura, ¡y es extraordinario! ¡Adelante, vamos a descubrirlo!».

— *Forma parejas,* cada una de las cuales tendrá la misión de descubrir (y elegir) su mundo fantástico. Cuando hayan elegido el lugar, que coloquen 4 estacas de madera y cuerdas para delimitarlo (una parcela de 40 por 40 centímetros como máximo).

— *Añade detalles a la historia:* «Emprenderemos una excursión al país de los insectos. Tendremos que subirnos a la escoba mágica para sobrevolar el reino de las hadas». En esta aventura, cada niño es su propio guía y va al encuentro de los pequeños habitantes de su paisaje en miniatura…

— *Ampliaciones:* los niños y las niñas pueden dibujar a cada habitante que hayan localizado y expresar sus preferencias. También pueden dibujar su paisaje en miniatura.

Hablar de «gestión diferenciada» en las inmediaciones de determinadas instalaciones, plazas o cementerios supone reconocer la necesidad de una pedagogía (salidas supervisadas por asociaciones los fines de semana en la ciudad) y de medidas orientadas a la ciudadanía. Es cierto que también existen parques muy estructurados que se organizan en torno a uno o varios temas, con una gran diversidad de especies.

La problemática de la relación entre «calidad» y «cantidad» en la planificación urbana vegetal, es decir, entre el objetivo de ofrecer lugares específicos (parques o jardines) y espacios verdes de proximidad, es un tema transversal. En varias ciudades francesas (Nantes y Montpellier, por ejemplo), el Ayuntamiento definió la «calidad» de vida mediante la multiplicación de pequeños espacios que respetan la «regla de los 500 metros»: al menos, una plaza a menos de 500 metros de cualquier vivienda. Se plantearon diferentes opciones sobre la creación y la plantación, así como en lo relativo a las distintas formas de participación de la colectividad en cuanto al mantenimiento de los parques urbanos: uso o no de productos fitosanitarios, altura del césped para preservar la fauna y la flora, etc. Los espacios verdes remiten directamente a las representaciones de la naturaleza, mientras que las soluciones propuestas se sitúan en el ámbito de lo político y lo social. Así, los tranvías urbanos se erigieron en indicadores esenciales de la «movilidad sostenible», y la naturalización de las vías del tranvía se convirtió en un lugar común, al igual que la plantación de árboles a lo largo de las vías. La instalación de césped en las plataformas constituye un producto transaccional, ya que este reverdecimiento «visible» no es sinónimo de gestión ecológica, pues el césped consume gran cantidad de agua.

Poco a poco, los ciudadanos y las ciudadanas se han ido organizando para convertirse en agentes de la naturaleza en la urbe. La evolución de los antiguos jardines o huertas familiares en espacios compartidos, es decir, gestionados en común por un grupo de habitantes, es otro ejemplo: cada año se crean varios jardines que se transforman en centros de mediación donde se debaten cuestiones relacionadas con la biodiversidad y el desarrollo sostenible. La instalación de contenedores de compostaje instaura lugares de intercambio: los tocones de los árboles, de cuyo cuidado se encargan las asociaciones de vecinos e incluso los escolares, se adornan con flores… La ciudad de Montpellier puso en marcha una Carta del Árbol con el objetivo de verificar que los proyectos de urbanismo fuesen compatibles y que hubiera una compensación (cantidad/calidad) cuando se talaba un árbol. La clásica oposición entre «ciudad» y «naturaleza» ha dado paso, en la actualidad, a la «ciudad verde» en las políticas de desarrollo urbano sostenible. Estas iniciativas y sus promotores reflejan, *de facto*, la interdependencia de la naturaleza y lo social.

Por una parte, estos espacios parecen romper con los entornos urbanos de naturaleza ordenada (césped cortado al ras o alineación de árboles), e incluso con el modelo controlado de jardín, en favor de una concepción más *salvaje* (uso de variedades ancestrales o ausencia de siega para favorecer la biodiversidad). Históricamente, la implantación de estas zonas tendía a favorecer a unos pocos residentes —en especial, a los de las clases más acomodadas—, en detrimento de otros, lo que acentúa la desigualdad social. Queda por determinar de qué manera establecer un criterio de equidad, para equilibrar el desarrollo y la conservación de los parajes naturales en la ciudad.

La «renaturalización» de zonas urbanas refleja, de forma concreta, la paradoja de la relación socioindividual con la naturaleza. A una escala global, si bien las interacciones entre sociedad y naturaleza son particularmente intensas, hasta el extremo de justificar una nueva era geológica denominada Antropoceno (marcada por los desajustes climáticos), al mismo tiempo, se impone más que nunca la distancia entre la mayoría de los ciudadanos y la naturaleza.

«Pongamos naturaleza en nuestra ciudad»

El objetivo del Ayuntamiento de Montpellier consistió en poner en marcha el ambicioso programa de plantar 50 000 árboles, entre los que se incluyeron más de 900 frutales. El plan, bautizado como «Pongamos naturaleza en nuestra ciudad», se fundamentó en tres puntos: la plantación de árboles en los diferentes barrios de la ciudad, los «bonos de naturalización» y los «increíbles bosques de frutales», impulsados por la asociación Semeurs de Jardins, cuyo proyecto resultó seleccionado en una convocatoria organizada en la región de Occitania. El sistema de bonos permitió que los habitantes de Montpellier presentasen su candidatura para participar en la naturalización y el embellecimiento del espacio público, mediante la obtención de un permiso para plantar una planta trepadora en la fachada de sus viviendas. El Ayuntamiento se encargó de suministrar la planta, adaptada a la correspondiente fachada, para que no resultase agresiva, y el soporte, además de encargarse de hacer el agujero en el suelo o de proporcionar una jardinera.

Naturalizar: ¿cómo, dónde y por qué?

A lo largo del año, los espacios naturales prestan servicio a los habitantes. Así, por ejemplo, la evapotranspiración de las plantas disminuye la temperatura ambiental (hasta cuatro grados), lo que permite a la ciudadanía disfrutar de mayor confort térmico y reducir el uso de los aparatos de aire acondicionado, ya que la expulsión de aire caliente de estos a las calles aumenta el malestar y el efecto «bochorno». De este modo, los máximos de consumo energético derivados del uso de los aires acondicionados son menos frecuentes. Los servicios que prestan los espacios verdes en la ciudad van mucho más allá del enfriamiento. Desempeñan un papel importante en la protección contra las inundaciones, ofrecen la oportunidad de practicar actividades recreativas y proporcionan hábitats y alimento para acoger la biodiversidad en la ciudad.

Distintos municipios están llevando a cabo numerosas acciones en favor de la biodiversidad y la gestión del calentamiento global: la implantación de tejados vegetales y de fachadas con plantas trepadoras para viviendas unifamiliares o el reparto de invernaderos de interior o plantones de árboles frutales (retorno y reproducción de polinizadores). En las escuelas, los municipios responden a las necesidades de los docentes que deseen crear un rincón verde o los animan a ello. Esta motivación pasa por la instalación de jardineras, contenedores de compostaje y entrega de plantas. A partir de la instalación de estos rincones «de naturaleza», el alumnado puede convertirse en protagonista y colocar comederos, cajas nido para pájaros y habitáculos para insectos (retorno de los polinizadores).

Para limitar los riesgos de inundación, hay ayuntamientos que impulsan la permeabilidad de los patios escolares (por ejemplo, en Montpellier, el Ayuntamiento se fijó como objetivo actuar en cinco grupos escolares al año). De este modo, el agua penetra mejor en el suelo, se reduce el riesgo de escorrentía de las aguas pluviales y se favorece la biodiversidad y el bienestar de los alumnos. Se organizan iniciativas en colaboración con investigadores para estudiar el impacto de estas medidas desde un punto de vista sociológico en la vida de los barrios, el retorno de numerosos polinizadores y la preservación de especies animales (insectos, aves, quirópteros, etc.). En algunos colegios, donde es posible, se construyen estanques; se excavan hoyos en el patio, para instalar plantas en las paredes, o se colocan refugios para animales de pequeño tamaño.

La renovación de los patios y de las escuelas

La «escuela» es un lugar de costumbres pedagógicas y fuerte tradición arquitectónica. Las imágenes relacionadas con la escuela permanecen arraigadas en la mente de los docentes, el alumnado, los padres y las madres y, en general, de todos los actores que participan en el sistema educativo. Con frecuencia, cada zona posee un carácter inmutable y una función precisa, con una organización espacial fija y estandarizada que siempre induce el mismo tipo de comportamientos, interacciones y enseñanzas.

Únicamente el patio, ese lugar abierto y a menudo bastante vacío, ofrece una posible libertad de movimientos y favorece una interacción social relajada. El patio del colegio no suele resultar acogedor para los alumnos, a pesar de que pasan en él numerosas horas al año; las dedicadas al recreo ascienden a 77 en primaria y a 144 en infantil. El patio acostumbra a tener el siguiente aspecto: un terreno llano, a menudo asfaltado, rodeado de vallas metálicas, demasiado caluroso en verano y demasiado frío en invierno. A decir verdad, resulta bastante incómodo —por lo general, estresante, tanto para los niños como para los adultos—, ofrece posibilidades limitadas de juego y se utiliza poco, aparte de para los recreos. Y, cuando se le incorporan estructuras para jugar, estas no siempre son adecuadas para todas las edades.

Los patios generan una concentración de niños en una misma zona y una feroz competencia para disfrutar de ella y obligan a gestionar con esmero los grupos (tal clase o tal día). Además, son extremadamente costosos. En algunos casos, para evitar caídas y lesiones, incluso se prohíbe correr sobre el asfalto o deslizarse sobre las placas de hielo en invierno, lo que reduce aún más su nivel de actividad física. No hay que olvidar que el patio de recreo constituye, para un número nada despreciable del alumnado (de medios desfavorecidos o urbanos), un lugar donde moverse al aire libre y jugar en el exterior, cuando los padres no tienen ni el tiempo ni los medios para llevar a sus hijos a parques o a granjas pedagógicas.

Actividad para clasificar los residuos e introducir el compostaje en el patio

— Delimita una zona (por ejemplo, el patio) e introduce la definición de «residuo» (objeto o material que ya no se quiere y que contamina).

— A continuación, profundiza en algunos conceptos: «recogida selectiva» o «reducción de desperdicios» (importancia de clasificar los propios residuos, depósito en los contenedores adecuados, ¿cómo separar los residuos?, ¿por qué separar?…).

— La caza de residuos puede comenzar. Los alumnos y las alumnas recogen residuos y los depositan encima de una lona grande.

— Realiza una primera clasificación, en función de sus conocimientos, sobre los materiales o el tema: cartones amontonados, periódicos, envases, restos de comida, etcétera.

— Después de reunir los residuos en la lona, los alumnos los seleccionan y los depositan en los contenedores adecuados.

— Es interesante desarrollar la idea de la «vida útil» de un residuo (pañuelo de papel: tres meses; cáscaras de fruta: de tres meses a dos años; colillas: cinco años; chicle: cinco años; bolsa de plástico: cuatrocientos cincuenta años; botella de plástico: de cien a mil años).

— Una posible ampliación: cabe profundizar en el concepto de «compostaje» como mezcla de materia orgánica y vegetal utilizada como abono.

— A partir del compostaje, surgen una serie de preguntas: «¿Qué se puede compostar?». Son susceptibles los residuos de cocina: peladuras, cáscaras de huevo, posos de café, filtros de papel, pan, lácteos, cortezas de queso, hojas de verduras, frutas y hortalizas estropeadas, etc.; los desechos del jardín: hierba cortada, hojas, restos de poda de setos, flores marchitas, malas hierbas, etc.; residuos domésticos: pañuelos de papel y papel absorbente de cocina, cenizas de madera, serrín y virutas, papel de periódico, cartones sucios (que no estén manchados con productos contaminantes), plantas de interior, etc. También se cuestiona: «¿Cómo se fabrica el compost?» o «¿qué ventajas tiene hacerlo?».

Pasar de un patio de cemento a otro naturalizado: trasladar la naturaleza al patio

Los patios de las escuelas, institutos y universidades son superficies considerables con gran potencial de permeabilidad, lugares de paso importantes en los que se puede sensibilizar a los niños y a los estudiantes de más edad sobre el ciclo del agua y la importancia de la filtración. En este sentido, la Agencia del Agua francesa puso en marcha una convocatoria de proyectos destinados a fomentar la permeabilidad y la naturalización (muros y tejados) para gestionar las escorrentías en los patios de colegios, institutos y universidades. Estos espacios son, por tanto, oportunidades de actuación para la creación de islas de frescor; al encontrarse en todos los barrios, forman un importante entramado.

Damos por sentado con demasiada frecuencia que el aprendizaje se limita a las aulas, a través de clases e intercambio de conocimientos, olvidando que la escuela también es un lugar de aprendizaje social. En ella, se adquieren las bases de la ciudadanía, de cómo vivir en sociedad y actuar de manera colectiva; se instruye a la persona y al ciudadano; se inculca el respeto a las decisiones personales y las responsabilidades individuales…

El «patio» es un espacio donde se puede experimentar con el otro, aprender de lo colectivo, en marcada contraposición con lo individual. Es importante disponer de diferentes zonas acondicionadas, organizadas y construidas donde el aprendizaje se enriquezca; lugares que fomenten, estimulen y desencadenen el intercambio, la cooperación y la colaboración. En Quebec, y en otras partes del mundo, se desarrollaron proyectos destinados a fomentar la interacción entre los niños pequeños y la naturaleza. De esta idea participan las escuelas Brundtland, las iniciativas de educación en apoyo del medioambiente, las colaboraciones entre granjas y escuelas, el programa Ecoescuelas, las escuelas infantiles en el bosque, los entornos educacionales (zoológicos, museos, parques nacionales, etc.). Algunos colegios aprovechan su cercanía a un bosque para utilizarlo como espacio de recreo durante la pausa del mediodía, tanto para enseñar como para las actividades extraescolares: los niños y las niñas construyen castillos, buscan insectos o se cuelgan de las ramas de los árboles, pero, sobre todo, se familiarizan con la naturaleza. No obstante, estos centros son excepciones.

Si no es posible llevar a los alumnos a la naturaleza con regularidad y esta escasea en los alrededores de la escuela, queda la opción de trasladar la naturaleza hasta los alumnos. Por ello, muchas escuelas han emprendido la renaturalización de sus espacios exteriores. El objetivo es transformar el «monocultivo» de cemento en una diversidad de zonas que incluyan elementos naturales, como árboles, arbustos, lomas, partes de césped, flores/plantas, un estanque, etc. Se intentará también crear senderos o cabañas.

Bien acondicionado, este espacio exterior podrá utilizarse para múltiples actividades: juegos libres variados y creativos durante los descansos, juegos estructurados en educación física, animaciones, exposiciones, presentaciones...

La ciudad francesa de Estrasburgo, por ejemplo, implementa desde 2011 el proyecto de escuela al aire libre, con la idea de permitir que sus alumnos de educación infantil experimenten, descubran y aprendan en espacios naturales del patio escolar, que se dejan «asilvestrados» a propósito.

Incluidas en el plan de rehabilitación urbana, las escuelas del centro de la ciudad pudieron eliminar el asfalto de parte de la superficie de los patios. Se colocaron nuevas instalaciones, como un estanque seco (drenaje con guijarros), un río pedagógico, juegos de madera o de materiales naturales (circuito de troncos o pasarelas), etc. Estos espacios se denominan «asilvestrados», ya que la naturaleza no se restringe: el suelo está desmineralizado; las plantas crecen a su antojo; las hojas muertas no se retiran para favorecer la expansión de un entorno y una vegetación naturales... Esta política de transformación de los patios escolares se aplica también, a gran escala, en París.

En estos espacios, el personal docente desempeña el papel de acompañante que «observa, anima, responde a las preguntas, tranquiliza, organiza y anima a ir más lejos». De hecho, el niño elige sus propias actividades con el fin de adquirir autonomía y responsabilidad.

En esta línea, Rosan Bosch[65] utiliza el diseño como herramienta estratégica para estimular tanto a los discentes como a los docentes, a través de la creación de experiencias espaciales. Para ella, «los edificios en los que vivimos, trabajamos y aprendemos tienen una influencia directa en nuestra salud, nuestro bienestar, nuestra relación con los demás y nuestra capacidad de aprendizaje. Los lugares físicos que habitamos nos forman y nos definen [...]. El entorno es una herramienta importante, que puede concebirse para inspirar, motivar y acompañar estilos y métodos pedagógicos [...]. Los espacios físicos de aprendizaje deberían ser tan diversos como las personas que los frecuentan».

Así pues, se presentan un espacio o varios, pensados para permitir diferentes maneras de interactuar, aprender y trabajar, y favorecer la puesta en práctica de situaciones pedagógicas diversas; espacios organizados para estimular el deseo de saber y la creatividad, para desarrollar la autonomía y motivar a los alumnos y a los educadores. Si el entorno es una herramienta estratégica que influye en nuestros comportamientos, es importante diseñarlo, organizarlo y acondicionarlo con esmero, e imaginar lugares acogedores, que despierten las ganas de aprender, en los que disfrutemos trabajando: espacios cómodos y agradables, que el alumno domine y en los que se sienta a gusto con los demás.

---

[65] MEN Archiclasse [Repenser l'espace scolaire à travers le design], *Rosan Bosch. Créer des espaces d'apprentissage à partir des besoins des usagers.*

Desde el inicio de un proyecto de este tipo, se trata de involucrar al alumnado y a las personas adultas del centro, de compartir opiniones sobre el patio y de llegar a un consenso para una nueva planificación espacial. Basándose en esta primera etapa de construcción en común, y con la ayuda de herramientas para dibujar, las transformaciones de los patios aportan diversas novedades:

— Se presta especial atención al suelo: debe contribuir a una mejor gestión del agua de lluvia y ser más claro para evitar acumular calor si no está a la sombra. También es importante priorizar los materiales naturales y menos contaminantes. La idea es lograr un equilibrio entre las zonas permeables, dando preferencia a la tierra firme, cuando sea posible, y un suelo impermeable que permita la gestión del agua de la lluvia (por ejemplo, pendientes naturales con escorrentía hacia parajes silvestres). Los suelos naturales contribuyen a estimular a los niños, ya que les ofrecen una superficie para explorar y dar rienda suelta a su imaginación. Por último, los suelos en buen estado pueden conservarse parcialmente, siguiendo una política de austeridad.

— Se aumentan las superficies vegetales: se plantan árboles, se crean tejados y paredes, jardines pedagógicos, huertos, cabañas vegetales... Las especies elegidas deben ser las adecuadas para el entorno escolar y las más resistentes al cambio climático. El mobiliario tratará de responder a las necesidades expresadas por los niños y los adultos de la escuela, sobre todo, con vistas a un mejor reparto del espacio (entre pequeños y mayores o niñas y niños), y permitir diversas actividades al aire libre. Pueden proponerse juegos de escalada, cabañas, recorridos sensoriales... También hay que prestar atención al origen de los materiales: se dará prioridad a la cadena corta de distribución y a la reutilización.

— La sombra y el agua cuentan con mayor presencia en los patios: instalación de fuentes, uso lúdico y pedagógico del agua e incorporación de sombrillas y árboles con el propósito de enfriar el entorno urbano.

Se trata de buscar, desde la austeridad, soluciones técnicas adaptadas al cambio climático y nuevos equipamientos que puedan servir de soporte para la pedagogía y los juegos. Las soluciones técnicas identificadas pueden incorporarse a un cuaderno de recomendaciones para el diseño de los patios. Así, las novedades metodológicas aportadas por el Proyecto Oasis (codiseño, innovaciones técnicas, nuevos enfoques pedagógicos…) también se relacionan con la capacidad de los diferentes actores implicados para reforzar sus competencias. Esta iniciativa surgió de la Estrategia Integral de Adaptación aprobada por el Ayuntamiento de París en septiembre de 2017, con el objetivo de reforzar la capacidad del territorio para hacer frente a los grandes desafíos climáticos y sociales del siglo XXI.

De hecho, desde ahora y hasta finales de siglo, el Servicio Meteorológico Nacional de Francia prevé un aumento de la temperatura media anual de entre 1 y 44 °C con respecto al valor de referencia actual de 12,4 °C, y entre 10 y 25 días de ola de calor. Para hacer frente a esta amenaza, los patios de los colegios y los institutos son importantes motores de cambio, ya que representan más de 70 hectáreas de superficie y están distribuidos de manera homogénea por todo el territorio. En su mayoría aún asfaltados e impermeables, estos espacios contribuyen, de manera significativa, al efecto isla de calor urbana.

Como parte del proyecto, se ofrecen cursos de formación y un ciclo de conferencias relacionadas con las diferentes dimensiones del plan: adaptación al cambio climático, gestión del agua, jardinería pedagógica, igualdad entre niñas y niños, etc.; todo ello dirigido a un público variado: agentes municipales, personal docente o padres y madres. El proyecto, cofinanciado por el programa europeo Acciones Urbanas Innovadoras, tiene como objetivo desarrollar contenidos formativos destinados a los funcionarios del Ayuntamiento de París y a los equipos pedagógicos, útiles para ejecutar, extender y replicar el plan. Así, la remodelación de los patios también lleva a pensar en nuevos usos. Durante el horario escolar y extraescolar, los patios Oasis tienen como objetivo permitir:

— *Un uso educativo de los espacios exteriores* (jardines pedagógicos, aulas al aire libre, nuevas actividades deportivas, etc.). Este uso responde, en particular, a la necesidad fundamental de actividad física, exploración y contacto con la naturaleza de niños y adolescentes.

— *Un reparto del espacio para que todos y todas dispongan de un lugar:* pequeños y mayores, niñas y niños, tranquilos y dinámicos. Desde este punto de vista, la elección y la ubicación de las instalaciones deportivas es determinante, tanto en primaria como en secundaria. Determinados equipamientos también favorecen, de forma más espontánea, el uso mixto del espacio (zonas verdes accesibles o juegos de escalada).

— *Un funcionamiento de los patios con mejor coordinación.* El objetivo es permitir que los adultos y los niños del centro definan normas colectivas para la utilización del espacio en buenas condiciones. Así, los 10 patios piloto incluidos en el programa europeo Acciones Urbanas Innovadoras instauraron una «normativa de uso». El «patio de recreo» es, en efecto, un microcosmos social. Su diseño y su utilización pueden transmitir valores cívicos y republicanos: respeto por los demás y, en particular, igualdad entre niñas y niños, o puesta en valor del entorno y apreciación de la convivencia. Fuera de los horarios lectivos, los patios se abren a la vecindad:

• En caso de altas temperaturas, para las personas más vulnerables, en coordinación con los protocolos contra el calor («islas de frescor»), y según las modalidades que se definan a nivel local.

• De forma puntual, para actividades abiertas a todas las personas residentes en el barrio, con la participación voluntaria de las comunidades educativas y respetando la legislación en vigor. El objetivo es reforzar los vínculos sociales y ofrecer nuevos lugares para reunirse, compartir e intercambiar ideas dentro de los barrios.

Patios escolares bien pensados y acondicionados, una dinámica no tan reciente

Del patio escolar al área de juegos: Schoolyards to Playgrounds (Nueva York, Estados Unidos)

La ciudad de Nueva York comenzó en 2007 la transformación de los patios escolares en espacios verdes que se abren al público fuera del horario escolar. Este proyecto contribuye al bienestar infantil y, por otra parte, aumenta la superficie de zonas verdes en la ciudad, con el objetivo de que todos los neoyorquinos tengan acceso a un parque a menos de diez minutos a pie. Además, a raíz del programa Edible Schoolyard NYC (Escuela Comestible), se propone desarrollar huertas en las escuelas y enseñar a los niños y a las niñas a cocinar. La finalidad es sensibilizar sobre la importancia de la nutrición y la biodiversidad.

Patios escolares naturalizados (Lille, Francia)

Mediante una estrategia similar a la de los patios Oasis, la ciudad de Lille decidió llenar de verde los patios de sus escuelas, para favorecer la dimensión pedagógica, en beneficio de los niños, y combatir el efecto isla de calor urbano. Ya eran muchas las escuelas que contaban con algunos árboles o espacios verdes, pero el Ayuntamiento decidió aumentar la superficie plantada, naturalizar las paredes y fachadas de las escuelas (iniciativa «Naturalicemos nuestras paredes») y conciliar los diferentes usos de los patios. Además, dentro del marco de estas reformas, se le concedió mayor importancia al agua (depósito de recogida de agua de lluvia para regar y reducir la temperatura durante las olas de calor).

«Atrévete con el verde: recrea tu patio» (Valonia, Bélgica)

«Atrévete con el verde: recrea tu patio» fue una iniciativa centrada en eliminar el asfalto y crear espacios verdes en los patios de las escuelas valonas, en Bélgica. Este programa se puso en marcha tras un concurso anual de ideas. Una vez seleccionados, los proyectos recibieron apoyo técnico, financiero y pedagógico para favorecer la integración de la biodiversidad en el patio.

El parque infantil de aventura y de naturaleza: ¿un nuevo espacio educativo en la ciudad?

El primer parque infantil de aventura se fundó en 1943, en Emdrup, a las afueras de Copenhague. El artífice de esta nueva concepción del espacio fue el arquitecto paisajista danés Carl Theodor Sørensen (1893-1979), quien ideó un parque de aventura y de naturaleza en la ciudad donde los niños y las niñas pudieran crear, experimentar, probar e imaginar un universo propio, un mundo alternativo en el que la huella de los adultos fuera mínima. A partir de 1945, ante la creciente densificación urbana, este tipo de parques proliferaron al pie de los edificios en construcción en la mayoría de los países europeos (Inglaterra, Dinamarca, Suecia, Suiza, Alemania, Francia...). Sin embargo, el auge de los parques infantiles de aventura toma impulso a finales de la década de 1960. Los terrenos baldíos de los suburbios se convirtieron entonces en áreas destinadas al juego y al descubrimiento. El fenómeno se extendió también a los Estados Unidos, en Berkeley, y a Japón.

Este tipo de proyectos empezaron a desarrollarse después de mayo de 1968, atendiendo a utopías educativas y políticas, al concebirse como nuevos espacios de lucha colectivos y ecologistas. El parque de aventura y naturaleza se convirtió en el lugar donde llevar a cabo experiencias educativas antiautoritarias, nuevas formas colectivas de vida y de apropiación de los «terrenos baldíos» urbanos. En *Terrain d'aventure et enfants des cités nouvelles: aperçu d'une expérience*, Dominique d'Allaines-Margot, animadora en 1975 en la ciudad residencial de Bouffémont, en el Valle del Oise, lo explica así:

> El parque de aventura le propone al niño un papel, un comportamiento del todo diferente al que se le exige habitualmente. En la escuela, se le pide que recite la lección. En casa, debe portarse bien... En el parque público, las instalaciones para jugar están diseñadas para que trepe o salte, y siempre promueven determinados movimientos. En el parque de aventura, al niño se le dice: «Todo está permitido». Pero no se espera nada concreto de él.[66]

Precarias y sometidas a la presión inmobiliaria, la mayor parte de estas instalaciones se enfrentan a dificultades para perdurar. Pero la idea permanece, como tantos otros espacios de libertad. En la actualidad, existen aproximadamente más de mil parques de estas características dispersos por todo el mundo. Desde hace unos años, los proyectos han vuelto a multiplicarse, en consonancia con la reciente estrategia de renaturalizar espacios urbanos. Todas estas iniciativas dan continuidad a esta historia y a la lucha por disponer de zonas de uso público en el corazón de las ciudades con objetivos

[66] D'Allaines-Margot, *Terrain d'aventure et enfants des cités nouvelles: aperçu d'une expérience*, París, ESF, 1975.

estipulados: repensar el lugar del niño en la ciudad, implantar nuevas áreas de juego y de actividades libres por y para la infancia y experimentar nuevos modelos de educación, en favor de la construcción real y concreta de la autonomía de los niños y las niñas.

La presencia del juego es un elemento capital en los parques de aventura. Se trata de un juego creado y experimentado por los niños, con materiales naturales y reciclados. No existe una voluntad prefijada de aprendizaje formal, y esta libertad implica asumir riesgos. El parque de aventura y de naturaleza, como espacio educativo de experimentación, favorece la autonomía. Conocerse mejor, comprender al otro y la necesidad de estar con los demás son aspectos que contribuyen a la construcción de la autonomía individual y colectiva. Evaluar los riesgos que se asumen es esencial para el aprendizaje, el desarrollo y la salud infantil. Asimismo, en este tipo de parques, también se afianzan acciones formativas, como conocer los propios límites, cooperar, intercambiar, compartir y comprometerse.

Descubriendo el jardín y el ciclo vital de las flores (educación secundaria)

— Objetivos generales: descubrir las diferentes partes de un jardín y sus funciones, y comprender el ciclo de las flores.

— Objetivos conceptuales: conocer la función de las diferentes zonas de un jardín, reconstruir el ciclo vital de las plantas, entender la polinización y su importancia en la reproducción sexual de las plantas.

— Objetivos metodológicos: utilizar el plano del jardín, utilizar un juego de mesa sobre el ciclo de las plantas, utilizar un cuaderno de campo, saber observar con una lupa, identificar las diferentes partes de una flor.

— Objetivos conductuales: cooperar, intercambiar y respetar el entorno.

— Primera etapa (presentación e inmersión en el jardín): describir los diferentes espacios del jardín y sus funciones.

— Exposición de las normas de seguridad: no saltar al estanque, no subirse a los muretes, permanecer en el borde del huerto y no pasar por el medio, no pisotear ni arrancar las plantas, respetar a los animales del huerto (no atrapar ni aplastar a los insectos), etcétera.

— Entrega de un cuaderno de campo a cada alumno.

— Partiendo del espacio sin cultivar, cada alumno se desplaza libremente por el jardín, para descubrir las diferentes zonas y crear la leyenda del plano del jardín (número de zona, nombre, uso, etc.) con la ayuda de paneles descriptivos.

— A continuación, cada alumno o alumna elige su lugar favorito del jardín y se instala en él.

— Observación de las flores, aprendizaje de los elementos que las componen: sin arrancarlas, observar las flores con la lupa y comenzar el esquema de sus diferentes partes.

Conclusión

En las ciudades, se están poniendo en práctica gran cantidad de ideas y medidas para recuperar espacios de «naturaleza» que favorezcan el retorno de la biodiversidad y el bienestar del ser humano (lucha contra el calentamiento global o contaminación). La reflexión sobre la remodelación de los patios y la implantación de los parques de aventura y de naturaleza del siglo XXI, un fenómeno de alcance internacional, ¿acaso no constituye también una herramienta para una educación eficaz, al aire libre, en la que el niño ocupe un lugar real en la ciudad y, de manera más amplia, en la sociedad?

6

EMPRENDER LA AVENTURA DE LA ESCUELA CON LA NATURALEZA: LOS PRIMEROS PASOS

Lanzarse a enseñar fuera de las cuatro paredes del aula no es tan complicado como cabría presumir. Se trata, ante todo, de impartir clase en otro entorno, más abierto, con una actitud que irá evolucionando con el tiempo y a medida que vayamos adquiriendo experiencia. Sin embargo, esta manera de enseñar mejora con una planificación previa que vele por el cumplimiento del marco normativo, y también con la coordinación entre los contenidos que se aprenden en el aula y aquellos a los que se accede durante las salidas a la naturaleza. Las diferentes etapas deben permitir una reflexión global sobre la organización de la clase al aire libre, así como sobre la elección de lugares, la periodicidad, las posibles observaciones y la conexión entre la enseñanza dentro y fuera del aula.

Posicionar siempre al alumno como un ser social

El ser humano es un ser social. Aprende a través de la interacción y progresa mediante la alteridad. En palabras de Aristóteles: «La sociedad es una realidad natural, y el hombre, por naturaleza, está hecho para vivir en sociedad». En particular, el lenguaje, íntimamente ligado al pensamiento, es un fenómeno puramente social. Así pues, la vida psicológica del ser humano depende por completo de las condiciones sociales que permiten su desarrollo armonioso.

Y, no obstante, enseguida nos viene a la mente esta famosa frase: «El infierno son los demás». Todos hemos experimentado esa dificultad de tener que estar constantemente en contacto con los otros, en una relación permanente con la alteridad: compartir un espacio determinado; trabajar en un lugar reducido, lleno de personas, con quienes tenemos que codearnos, sin posibilidad de elección. En su obra *A puerta cerrada*, publicada en 1943, Jean-Paul Sartre escribe que el infierno no es la tortura física, sino el hecho de no poder escapar jamás del juicio de los demás. «Todas esas miradas que me devoran... ¡Cómo! ¿Solo sois dos? Os creía muchas más. Entonces esto es el infierno. Nunca lo hubiera creído. Ya os acordaréis: el azufre, la hoguera, las parrillas... Qué tontería todo eso. ¿Para qué las parrillas? El infierno son los demás».[67] El escritor no pretende decir que las relaciones con los demás sean negativas o difíciles, sino que es necesario aprender a estar con ellos, construir una relación sana con el otro, encontrar el equilibrio en la alteridad. «Porque los otros son, en el fondo, aquello que hay más importante en nosotros mismos, para nuestra propia conciencia de nosotros mismos. Cuando reflexionamos acerca de nosotros, cuando intentamos conocernos, en el fondo usamos conocimientos que los demás ya tienen acerca de nosotros, nos juzgamos con los medios que los demás tienen —nos han dado— para juzgarnos.»

Para Lev Vygotsky, el niño es, ante todo, un ser social. La evolución de su pensamiento, el lenguaje y todas sus funciones psíquicas superiores son el resultado de una interacción permanente. El aprendizaje se produce mediante el intercambio con los demás, lo que

[67] En traducción de Alfonso Sastre.

a su vez permite el desarrollo. Vygotsky afirma que «el aprendizaje siempre precede al desarrollo».

El niño progresa gracias al entorno didáctico. Lev Vygotsky utiliza el concepto de «zona de desarrollo próximo»; es decir, la distancia conceptual entre lo que el niño puede aprender de manera independiente y aquello para lo que necesita la guía de adultos u otros con un nivel de conocimiento superior. Esta zona representa, por tanto, todo lo que el niño puede dominar cuando se le proporciona la ayuda adecuada, ya que «lo que el niño sabe hacer hoy en colaboración mañana sabrá hacerlo por sí solo». Debatir, por ejemplo, permite entrar en ese espacio. Percibir las cosas de otro modo es adquirir otras posibilidades de actuación sobre ellas. Por ello, L. Vygotsky invita a los educadores a fomentar la interacción en el aprendizaje.

Se aborda, pues, un concepto esencial en pedagogía: el «conflicto sociocognitivo». La teoría emerge en el campo de la psicología a principios de la década de 1980 y pone de relieve la influencia positiva de las interacciones sociales en el proceso de aprendizaje. Aprender entre iguales puede ser más enriquecedor, bajo determinadas condiciones, que hacerlo de manera individual o con un instructor, ya que suscita una divergencia de puntos de vista que ocasiona el cuestionamiento de los propios conceptos y, en definitiva, la aparición de nuevos conocimientos.

La escuela implica una experiencia social en la que los niños y las niñas interactúan y aprenden a convivir. Es el lugar donde se construye su sistema de relaciones, su *modus operandi* con los otros. Deben aprender a construirse no bajo la mirada del otro, sino con ella; no sufrir la alteridad, sino entenderla como algo natural y esencial. A través de la adaptación de los espacios escolares, es posible crear una dinámica positiva de la interacción.

Es preciso imaginar múltiples lugares de encuentro, en los que se promueva elegir el tipo de interacción deseada: no solo en el patio del recreo, donde no se sabe muy bien dónde colocarse, ya que, en ese espacio abierto, el individuo queda fácilmente expuesto a las miradas del grupo, del colectivo.

Cambiar de práctica docente modificando los lugares de aprendizaje

Se ha desatendido una parte completa y esencial de la educación ambiental: la que permite crear un vínculo entre los alumnos y la naturaleza para que reinventen su manera de ser y su relación con el mundo. La mayoría de nuestro alumnado vive completamente alejado de ella. Para un número cada vez mayor de ellos, la naturaleza permanece casi ausente de su vida cotidiana. En las aulas, el acercamiento se limita a trabajar sobre la alimentación, a observar imágenes para conocer paisajes o incluso a clasificar los residuos y algunos árboles presentes en los patios. Cuando la naturaleza está presente, es para examinar «malas hierbas» y animales «dañinos». En buena parte de los casos, la relación con ella se ciñe a la explotación, al beneficio que la especie humana puede obtener de ella. No obstante, los recursos son finitos. Por lo tanto, es urgente participar en el tejido de vínculos recíprocos, ya que solo se puede proteger lo que se conoce y se aprende a amar. Y solo se ama aquello con lo que se establece alguna relación, alguna conexión, como explica el zorro de *El Principito* de Saint-Exupéry. Esto debe pasar por el conocimiento, por supuesto, pero también, y desde una edad muy temprana, por una relación multisensorial con la naturaleza. Por ejemplo, «huelo el romero, toco sus hojas tan particulares (suaves y punzantes a la vez) y observo el color de su flor». En este caso, el niño siempre reconocerá esta planta melífera, ya que habrá interiorizado todas sus características. Con posterioridad, podrá emprender la elaboración de una flora, observar dibujos con leyendas, escribir sobre sus descubrimientos (diario o cuento) o realizar inventarios, que le permitirán abordar los porcentajes o la proporcionalidad.

Las medidas en favor de la reintroducción de la naturaleza en el patio también sirven para hacer frente al desafío que plantea la arquitectura escolar en relación con el cambio climático. De este modo, el patio podría transformarse en un nuevo lugar de aprendizaje, rico en descubrimientos, ¡y dentro de la escuela!

La instalación de un habitáculo para insectos o de casas para pájaros con la intención de recuperar la biodiversidad animal, una medida que puede parecer sencilla, supone un primer paso fundamental hacia otra educación ambiental, la que vive el alumnado en su día a día. Diversificar las actividades y crear espacios múltiples y variados supone también tejer vínculos sociales exentos de jerarquías de género, como las que podrían reproducirse en las clásicas canchas de baloncesto o campos de fútbol. Es fácil imaginar patios con rincones tranquilos dotados de bancos, lugares para correr o jugar en circuitos de motricidad, ¡o incluso un espacio para dibujar tranquilamente u observar la naturaleza! Evidentemente, los patios de este tipo no son la única respuesta al problema. Sería necesario poner en marcha una educación cooperativa y emancipadora, recurriendo a las nuevas pedagogías y a las pedagogías críticas o eliminando los compartimentos entre disciplinas. La dimensión pedagógica y social ocupa un lugar central en el proyecto de estos patios. Los patios son un instrumento para garantizar el bienestar de los alumnos y sensibilizarlos sobre el medioambiente.

La educación ambiental se basa en tres pilares: el ecológico, el económico y el social. En coordinación con distintas entidades (municipio o provincia), a la educación ambiental se la dota de los medios necesarios para alcanzar sus objetivos. A través de programas renovados y experiencias docentes modificadas, la ecología es fundamental para crear un mundo resiliente y respetuoso con la vida.

El árbol en la poesía (educación primaria)

– Los objetivos de esta actividad son: desarrollar la capacidad de escucha y atención; despertar la curiosidad y el gusto por la poesía; escuchar fragmentos de poemas; seleccionar y enfrentarse a la lectura de un poema; leer en voz alta un verso, de forma audible y clara (fluidez y prosodia).

– Introducción a la actividad: entrar en el bosque de los poemas (patio del colegio o rincón natural cercano). Se escriben versos en tiras de papel de cuatro colores, que se reparten por el suelo. Cada alumno recoge un verso y lo lee (sin orden). Se ha de dejar que surjan los comentarios.

– Los alumnos se agrupan por colores. Cada grupo entrará en el bosque poético y caminará con calma, ocupando el máximo espacio posible. A una señal, se detendrán y recitarán sus versos en voz baja. Reanudaremos la marcha y otro compañero o compañera recitará cuando lo desee, mientras que los demás se pararán para escucharlo. Se repite la misma acción, pero, en este caso, a la vez, todos dirán a coro el verso tras su lectura.

– En círculo: cada uno leerá su verso y, en esta segunda lectura, se añade un movimiento corporal.

– Para ampliar la actividad, puede escribirse un poema conjunto y compartirlo; por ejemplo, un haiku (una composición poética de origen japonés que permite plasmar las emociones o el momento presente que maravilla, que sorprende). Para un haiku conjunto, se puede proceder de la siguiente manera: el primer verso es un momento del día en el que te gustaría pasear por el bosque; el segundo, un rincón de la naturaleza que te guste mucho; el tercero, la emoción que todo ello desencadena.

– En cada cambio de verso, se doblará la hoja, para ocultar lo que ya está escrito, al estilo de un cadáver exquisito, y se pasará al compañero o compañera de la derecha. En el momento de descubrir el texto completo, se puede añadir algún adjetivo o un nombre.

La implantación progresiva de una clase en la naturaleza: desde los primeros pasos hasta la programación anual

Para que una salida al aire libre transcurra sin problemas, es importante preparar al alumnado comunicándole el objetivo didáctico y las principales instrucciones, o moldeando los comportamientos esperados. Para evitar que se dispersen, sobre todo durante las primeras salidas, se puede limitar el espacio de exploración. En el exterior, es más fácil aplicar una pedagogía activa, es decir, potenciar tanto la actividad intelectual significativa como la actividad motora en el caso de los más pequeños. De este modo, se favorece el aprendizaje duradero, en lugar de recurrir a la memoria a corto plazo.

Enseñar al aire libre requiere estar atento al entorno en el que se trabaja, sobre el que ejerceremos un fuerte impacto si no tenemos cuidado. Frecuentar un solo lugar equivaldría, en definitiva, a pisotear y compactar el suelo, lo que resultaría contraproducente si el objetivo es fomentar la biodiversidad. El docente debe estar pendiente de sus alumnos y de las personas que frecuentan esos lugares compartidos (deportistas, paseantes…). Estas salidas ofrecen numerosas oportunidades que el docente debe aprovechar para observar, formular hipótesis y debatirlas, plantear preguntas, construir aprendizaje…

Poco a poco, el docente aprende a interrumpir lo que había previsto para escuchar el canto de un pájaro, ver pasar un tractor, observar una araña que asusta a algunos de los alumnos o sentir la brisa en la cara. Así es como el alumnado aprende a dejarse llevar y a vivir el presente. Es posible conservar un registro de las reflexiones que hagan tomando nota de sus preguntas y fotografiando sus hallazgos, creando un pequeño museo «de la clase». A través de la literatura infantil y juvenil, y de la creación de pequeños criaderos en el aula, es posible sacar partido en la clase de lo que los niños han descubierto fuera, al tiempo que se enriquecen sus conocimientos.

Las condiciones externas, como el clima o el lugar elegido, también influirán en el aprendizaje (nieve, arena, tierra...). También hay que tener en cuenta las condiciones acústicas (ruido de coches o canto de los pájaros) para extraer algún aprendizaje. La educación a través de la naturaleza puede adoptar formas diversas y realizarse íntegramente al aire libre o mediante incursiones periódicas, cuya frecuencia puede variar. Si bien no es posible ni deseable transformar de manera radical las actividades, es razonable intentar apropiarse de forma gradual de los principios de este tipo de enseñanza y aumentar, poco a poco, el tiempo que se pasa al aire libre.

Como sugiere Philippe Meirieu, se trata de «aprender a hacer lo que no sabemos hacer haciéndolo» y de descubrir cómo son los alumnos como personas y no solo como alumnos.

Varios puntos de reflexión dirigidos al docente para que se lance

Escoger un lugar

Existe una gran variedad de lugares donde se pueden impartir clases al aire libre: en el interior del centro educativo (acondicionamiento del patio o huerta) o en los alrededores, ya sea en la ribera de un río, en el bosque, en un parque, en la garriga o en el campo...

En lo que concierne a la distancia y a los desplazamientos, para ir en consonancia con los valores ecociudadanos, se privilegia el transporte sostenible (a pie o en bicicleta). Es asumible caminar hasta quince minutos, en el caso de los niños de infantil, y hasta treinta, en el caso de los mayores.

Para seleccionar un lugar, es posible, e incluso recomendable, solicitar ayuda al Ayuntamiento, a los padres y madres de los alumnos, a los vecinos…, y visitar diferentes lugares. De hecho, la clase al aire libre se puede practicar en distintos lugares para variar los soportes y enriquecer el aprendizaje.

Comprobar los permisos y la seguridad

Es preciso atender a la normativa legal por la que se regulan todas las salidas escolares, con o sin pernoctación (alojamiento). Las salidas realizadas en el marco de la clase al aire libre corresponden al registro de salidas de proximidad, las cuales exigen solicitar autorización al director del colegio. Este último verificará la ratio de alumnos y docentes, y que la salida —sobre todo, si esta tiene una periodicidad regular— no obstaculice el funcionamiento del centro (servicios de recreo o ausencia de un compañero). Según la frecuencia de las salidas, se puede reclamar un proyecto didáctico para verificar que se ajustan a los programas.

Objetivos generales de una salida escolar (Francia, 1999)

«Las actividades realizadas durante una salida escolar son necesariamente un complemento de los programas.

Se integran en la programación escolar y en el proyecto pedagógico de aula. Cada excursión, con independencia de su duración, forma parte de un plan didáctico —por lo general, pluridisciplinar—, dentro de una programación preparada con minuciosidad, en la que deben limitarse el número de temas de estudio y las actividades realizadas. Así, la excursión escolar no es solo un complemento lúdico a la escolaridad, por más que la circunstancia del viaje y la excursión suela tener, para los niños pequeños, una dimensión festiva.

En un proyecto didáctico, según el nivel escolar de que se trate, la salida puede constituir:

— Una etapa inicial, fundacional, que representa un trampolín para la adquisición de conocimiento.

— Un momento importante en un ámbito de actividad.

— La culminación de una serie de actividades y aprendizajes, que permiten reutilizar, validar y poner en práctica los conocimientos adquiridos en un entorno en el que son plenamente pertinentes y significativos.

En todos los casos, se hará hincapié en los aspectos transversales del aprendizaje:

— Desarrollo de la autonomía, del espíritu de iniciativa, de la responsabilidad, del respeto por los demás, por su trabajo, por el medioambiente y por el patrimonio.

— Adquisición o perfeccionamiento de métodos de trabajo (observación, descripción, análisis y síntesis, toma de notas, representación gráfica...).

— Uso frecuente de la comunicación oral: se fomentarán entre los niños, de manera particular, las preguntas, la expresión y la escucha en el marco de las numerosas situaciones de intercambio que se crean en las actividades diarias.»[68]

Los docentes son responsables de las actividades que se le proponen al alumnado. En el caso español, las incidencias sanitarias

---

[68] *Bulletin Officiel de l'Éducation Nationale,* suplemento n.° 7, septiembre de 1999.

que surjan en las actividades organizadas por los centros educativos están cubiertas, dependiendo del curso escolar, por:

— Cursos inferiores a 3.º de la ESO: atención sanitaria pública.
— Cursos superiores a 3.º de la ESO (incluido): seguro escolar obligatorio.

Por otra parte, las excursiones de varios días también suelen llevar asociado un seguro de viaje que el centro contrata con la propia agencia de viajes.

Para garantizar la seguridad de los alumnos de menor edad, se puede delimitar un perímetro (por ejemplo, con cinta de señalización). Una vez que los niños hayan reconocido la zona y se hayan fijado con ellos las normas de comportamiento de la clase al aire libre, este espacio se podrá ampliar o incluso no limitar.

La finalidad e interés de las salidas escolares

«Las salidas escolares contribuyen a dar sentido al aprendizaje al favorecer el contacto directo con el medio natural o cultural, con los actores en su entorno de trabajo, con obras originales… Los soportes documentales, bien en papel o multimedia, por muy valiosos que sean, no suscitan las mismas emociones ni revelaciones. Las salidas contribuyen así a hacer evolucionar las representaciones del aprendizaje escolar, al confrontarlas con la realidad.

Ilustran el interés y la diversidad de formas de aprender que desempeñan un papel preponderante en la actividad de los alumnos, en los planos social, motor, sensorial y cognitivo. Pueden ser un medio para descubrir y dominar el entorno. El enfoque sensorial de un nuevo medio o de un lugar para el cultivo; los encuentros con profesionales, artistas o creadores; el asombro, y el cambio de escenario habitual son fuentes de reflexión y comparación y estimulan la curiosidad, además de activar la necesidad de comprender y de comunicarse. La práctica de diversas actividades físicas y deportivas permite poner a prueba las capacidades, adquirir mayor destreza corporal y más confianza en uno mismo.

Las salidas escolares favorecen la descompartimentación de contenidos, no solo creando una unidad temática, sino también movilizando los conocimientos y habilidades que forman parte de diferentes disciplinas para comprender situaciones complejas o actuar de manera adecuada en un contexto desconocido.

Tienden a compensar las desigualdades sociales y culturales, al permitir que todos los niños y niñas descubran otros modos de vida y culturas diferentes, lo que contribuye a la educación para la ciudadanía. Un momento de vida colectiva compartido con el conjunto de la clase nunca resulta banal en la experiencia social de un niño.

Por último, constituyen ocasiones propicias para aprender a convivir e instaurar relaciones, entre adultos y niños, distintas de las que se establecen en el aula. Las salidas son momentos privilegiados para una verdadera comunicación con interlocutores variados. Favorecen la adopción de actitudes responsables en entornos menos protegidos que el recinto escolar.»[69]

Definir la «periodicidad» y la «frecuencia» para dar clase al aire libre

Una vez más, esto depende de la comodidad del profesor. La educación a través de la naturaleza se inscribe en un continuo que va desde la visita ocasional a algún lugar en el exterior hasta la inmersión total en la naturaleza. Al principio, es preferible realizar salidas cortas (30 minutos) y aumentar, de manera progresiva, la duración, de acuerdo con el grado de comodidad.

[69] *Ib.*

Hay quien prefiere organizar una jornada de salida cada 15 días, ya que esto les permite reutilizar en el aula lo aprendido durante ese tiempo. Con los niños de educación infantil, los ritmos pueden variar mucho en función de la estación: es posible salir desde una hora al día, si el lugar está situado cerca de la escuela, hasta medio día a la semana.

El tiempo que se pasa fuera también dependerá de la disposición del lugar. En un entorno natural, sin aseos, suelen bastar dos o tres horas antes de regresar a la escuela. Si la salida se realiza a un parque con aseos, puede durar todo el día.

Prepararse de forma concreta adaptando el vestuario, tanto adultos como niños

«No existe mal tiempo, solo ropa inadecuada.» De hecho, en los países nórdicos, los niños tienen ropa impermeable adecuada. La salida solo se prohíbe en caso de alerta del Gobierno (viento o inundaciones) o de un plan de seguridad reforzado.

Algunos docentes piden a los padres que dejen en la escuela:

— Unas botas.

— Unos pantalones impermeables.

— Una chaqueta impermeable, para que los niños se la pongan por encima del abrigo en invierno (para evitar que se ensucien el abrigo...).

— Unas medias gordas, para ponerse encima de los calcetines (para las botas de lluvia en invierno).

— Una cantimplora.

El profesor puede llevar fiambreras, prismáticos, juegos para exterior (pelotas, combas, aros...), libros sobre la naturaleza, papel con soporte, lápices, palas, bolsas de basura para recoger residuos, bolsas impermeables para guardar los libros… Una caja grande es bastante útil para guardar este material.

Con ello, se garantiza que los alumnos no se preocupen por nada y que cualquier actividad que requiera papel y lápiz pueda realizarse al aire libre. Este tipo de actividades pueden utilizarse de forma complementaria a las de interior.

Es importante no olvidar los útiles relacionados con la higiene: pañuelos de papel, toallitas húmedas, gel hidroalcohólico, bolsas de basura…, y también un botiquín con tiritas e incluso las medicinas necesarias, en caso de que sea necesario poner en práctica algún protocolo individualizado (para niños alérgicos…).

En cuanto a los adultos (docentes, asistentes, acompañantes de alumnado con necesidades especiales, etc.), es importante llevar prendas cómodas y adaptar la ropa, al igual que los niños, al tiempo que haga ese día… Para los alumnos de infantil y primaria, es preferible que haya un padre o una madre en las salidas (ayuda material o gestión del grupo).

Resumen de las grandes etapas para lanzarse a dar la clase al aire libre

— Localizar con antelación uno o varios lugares cercanos a la escuela (a quince o treinta minutos a pie), de acuerdo con el Ayuntamiento o un particular.

— Comprobar la seguridad del lugar y la presencia o ausencia de aseos/puntos de agua.

— Presentar el proyecto a los padres y madres.

— Reflexionar sobre los contenidos que se impartirán al aire libre, el material y la ropa necesarios.

— Solicitar al director la autorización para realizar salidas periódicas y comprobar los seguros, así como tener en cuenta la organización de los servicios del equipo pedagógico.

— Prever un número suficiente de acompañantes desde el punto de vista normativo y en función de la organización espacial de la clase al aire libre.

— Preparar un botiquín y los protocolos de atención individualizados.

Trabajar en colaboración para diseñar y transformar espacios…

El proyecto de impartir clases fuera del aula puede y debe elaborarse en consonancia con el equipo docente e integrarse en el plan educativo del centro. Es posible relacionar el programa de educación ambiental con el de educación moral para la ciudadanía mediante la creación de un consejo infantil, un foro de debate en el que el alumnado debata acerca de las eventuales modificaciones con las entidades y los usuarios del lugar (asociaciones, excursionistas, familias…). Para los alumnos, esto implica aprender a gestionar un bien de dominio público (se discute sobre las decisiones relativas al lugar y los alumnos participan en la administración).

Intentar impartir clases al aire libre ya es un primer paso. Asimismo, se puede buscar inspiración en recursos locales y plantearse, en momentos clave, recurrir a asesores pedagógicos, a especialistas en un tema e incluso a científicos, padres y madres, asociaciones, etcétera.

Adaptación de los animales a la sequía

Se trata de desarrollar una línea de investigación científica a partir de una pregunta inicial: «¿Cómo se adaptan los animales a los largos periodos de tiempo seco?». Si hablamos de un clima mediterráneo:

— En otoño llueve poco, pero de manera intensa, en forma de tormentas. El agua se filtra con rapidez en la tierra o la erosiona, y no se acumulan reservas para las plantas.

— En verano predomina la sequía, las temperaturas son elevadas, el viento seca las plantas y el suelo (mistral o tramontana)…

A continuación, se plantean problemas y se formulan hipótesis: «¿Qué animales podrían adaptarse a este tipo de clima?» o «¿Cómo se aclimatan a los veranos cálidos y secos y a los inviernos suaves pero muy húmedos?».

La siguiente fase consiste en investigar en grupo. Se pueden proponer tres talleres de 15 minutos cada uno y 10 minutos de rotación entre los lugares, para observar e identificar a los animales de tres sitios diferentes, y facilitar documentos seleccionados con anterioridad, para enriquecer la reflexión.

Por último, se comparten los descubrimientos y se expone lo aprendido (bien ya en el aula, bien al aire libre): observación de las muestras, análisis del comportamiento de un animal concreto, adaptaciones que ha desarrollado para sobrevivir (biotopo, físico, comportamiento, etcétera)…

Situar la naturaleza en el centro del aprendizaje, ¡es institucionalmente posible!

Practicar la escuela en y con la naturaleza es algo fácil de realizar en el marco de los programas y disposiciones institucionales. A continuación, presentamos algunos ejemplos esquemáticos de actividades en las que se integra la naturaleza en el aprendizaje y en la enseñanza.

Descubrir la variedad de colores en un paisaje

Esta actividad invita a descubrir la diversidad de colores del paisaje, pero también a observarlo y a esquematizarlo para entender la riqueza ecológica:

— Primera etapa: en grupos de dos o tres alumnos, se observan y dibujan las líneas generales de un paisaje en una hoja de tamaño A4.

— Segunda etapa: se identifican los colores del paisaje y se plasman en el dibujo.

— A continuación, los niños buscan en la naturaleza los colores necesarios para el dibujo: el verde de las plantas, el marrón de la tierra, las tonalidades vivas de las flores… El paso siguiente es colorearlo, bien frotando sobre el papel los diversos elementos recogidos; bien pegándolos con cinta adhesiva de doble cara, para crear un efecto relieve.

— Ampliación: se puede crear una exposición con todos los dibujos y mostrarla a las familias. Es interesante trabajar la expresión, proponiendo a los alumnos que describan cómo obtener los colores (por ejemplo, un grupo explica cómo conseguir el azul; otro grupo, el verde). Se ha de concienciar a los niños de que todos los colores que conocemos existen en la naturaleza, y de que el paisaje cambia de tonalidad según la estación.

El juego de la cámara de fotos: expresión oral, para todos los niveles

Esta sesión permite trabajar la expresión oral y la descripción detallada de un lugar:

— Formar parejas: uno de los integrantes de la pareja tendrá los ojos vendados y hará de cámara de fotos, mientras que el otro integrante se encargará de guiarlo y desempeñará el papel de fotógrafo. Este conduce a la cámara hasta el lugar elegido.

— Una vez en el lugar, el fotógrafo sitúa a su compañero de espaldas al paisaje y le retira la venda. Colocados espalda con espalda, el fotógrafo le describe el paisaje a la cámara (por ejemplo, «al fondo de un valle, hay un pueblo con casas blancas»). La cámara imagina el paisaje y debe dibujarlo, para hacer una fotografía.

— Tan pronto como termine el dibujo, el fotógrafo y la cámara intercambian opiniones sobre las diferencias de apreciación. A continuación, se invierten los papeles: el fotógrafo se convierte en cámara y la cámara en fotógrafo; se cambia de lugar.

— Puede ser interesante que varias parejas fotografíen la misma parte del paisaje, con el fin de comparar más tarde los dibujos y, por tanto, las representaciones.

— Para ampliar: este ejercicio, bien analizado en clase, permite comprender la subjetividad del concepto de «paisaje» o la diferencia entre lo visto y lo imaginado. Aunque hablen del mismo paisaje, las descripciones de ambos no coincidirán.

Biodiversidad y ecosistemas: la historia del escarabajo (educación infantil)

A modo de introducción, empezaremos con un cuento protagonizado por un hada del bosque y un escarabajo de la corteza.

«Había una vez un escarabajo que vivía bajo la corteza de un roble gigante y que se sentía muy desgraciado: envidiaba el gran poder del sol y se moría de ganas de ser como él. Un día, un hada del bosque que pasaba por allí accedió a convertirlo en el sol. Sin embargo, al escarabajo la alegría le duró muy poco, ya que llegó una nube y tapó el sol. Entonces, el hada del bosque volvió a aparecer y decidió convertirlo en nube. Pero el viento arrastró a la nube y, entonces, el escarabajo deseó ser el viento. El viento chocó con un roble, y el escarabajo deseó ser... ¡el roble! El hada del bosque le concedió una última transformación y lo convirtió en un gran roble.

Pasado un tiempo, el roble empezó a sentir un picor tremendo por culpa de un escarabajo que vivía bajo su corteza. Como no podía mover las ramas ni las hojas para rascarse..., ¿adivináis cuál fue su deseo?

Al final, gracias al hada del bosque, el escarabajo se transformó en cuatro elementos, pero acabó siendo lo que era al principio.

Moraleja: cada cosa ocupa un lugar (todos los elementos del medio son necesarios para que este funcione).»

En grupos, supervisados por un adulto, los niños buscan los diferentes elementos de la naturaleza que necesita el hada (se les proporciona una lista: madera, una piedra, una corteza, una hoja...).

— Se recogen todos los objetos y se determina cuáles están vivos y cuáles no, y por qué.

— Se puede concluir con las características que definen a los seres vivos (carteles con dibujos que se prepararán con antelación): beber, comer, crecer, reproducirse, respirar... Para que los más pequeños interioricen estas cinco características, a veces es necesario representarlas con gestos.

Ecología del paisaje (primaria y secundaria)

El objetivo de esta sesión es hacer comprender que la organización del paisaje tiene una influencia directa en la fauna y la flora. La ecología del paisaje permite entender de qué manera la acción humana moldea el territorio, y cómo esa influencia afecta a los animales y a las plantas. Así pues, la ecología del paisaje permite comprender, de forma global, esta organización y, por ello, es indispensable para la conservación y la preservación de la biodiversidad.

— En primer lugar, se recogen las opiniones de los alumnos: «¿Qué es la "ecología"?»; «¿Existe una "ecología del paisaje"?»; «¿En qué consiste?»; «¿Influye la organización del paisaje en la fauna y la flora?»; «Si es así, ¿cómo?».

— A continuación, se explican algunos conceptos básicos de ecología del paisaje: «reserva de agua», «corredores», «pozos y ecotonos»…

— Se inicia el trabajo creando parejas que observarán y dibujarán el paisaje a grandes trazos. A continuación, cada una de las parejas busca, identifica y localiza en el paisaje los términos definidos. Los sitúan en sus dibujos, para asentar y memorizar el vocabulario.

Esta actividad puede transformarse en un proyecto más amplio como, por ejemplo, crear un observatorio del paisaje y estudiar los cambios que se producen a lo largo de las estaciones o, al menos, en otoño/invierno (mediados de noviembre) y primavera/verano (junio). Se trata de que comprendan a qué se deben esos cambios y cómo se adaptan a ellos los animales y los seres humanos. La finalidad es sumergir a los niños en el paisaje mediante las siguientes actividades: «sentir» y «escuchar» el paisaje; es decir, prestar atención a los sonidos y los ruidos que varían a lo largo de las estaciones (el viento en los árboles o el canto de los pájaros).

— Antes de empezar, se buscará un sitio con el alumnado desde el que se observe el paisaje con el máximo detalle.

— En una ficha preparada para tal fin, habrá que anotar el tiempo y la temperatura, además del lugar en el que se encuentra el paisaje.

— Se elabora una paleta con los colores de las estaciones (con predominio del marrón y el beis en otoño, con predominio del verde a principios de primavera o una muy colorida a finales de primavera, por la presencia de flores).

— Se toma nota o se hace que los niños anoten sus impresiones, para conservar un texto escrito, que servirá para realizar los paneles de una exposición o para llevar a cabo una sesión centrada en la expresión oral.

— A continuación, los niños pueden elegir una parte del espacio que deseen dibujar. Es interesante pedirles que identifiquen (o incluso fotografíen) lo que observen (se tomarán los puntos de referencia de su parte del espacio), ya que tendrán que dibujar exactamente el mismo lugar cuando regresen la próxima estación. El dibujo debe ser a todo color, para trabajar sobre la evolución del paisaje con el paso de las estaciones.

— En clase, la foto puede servir de base para un trabajo sobre la lectura del paisaje con el que los niños lo interioricen: «¿Qué estación del año es?»; «¿Cómo son los árboles?»; «¿Qué color predomina?»; «Si en la foto hay personas, ¿cómo van vestidas?». La foto se imprime y puede convertirse en el primer panel de una exposición sobre el paisaje en otoño, con la síntesis de lo que se ha escuchado y visto sobre el terreno, y con el resultado del análisis de la fotografía.

— En otoño, los árboles cambian de color (excepto los resinosos) y pierden las hojas. Hay muchos frutos de otoño (castañas, uvas, escaramujos, serbal de los cazadores…) y también setas. Todavía se escucha el trino de los pájaros, aunque algunos ya han emigrado.

— En invierno, el paisaje puede ser gris o blanco; los sonidos se amortiguan a causa de la nieve; los pájaros cantan poco; la gente va muy abrigada; los árboles pierden las hojas, excepto los resinosos, que aportan algo de verde al paisaje. Algunas plantas nunca pierden las hojas, como la zarza (por suerte para los corzos o los ciervos) y casi no quedan frutos en los árboles.

— En primavera, vuelve a aparecer una suave tonalidad verde en el paisaje. Los sonidos cambian: regresan los pájaros y graznan (gaviotas), gorjean (herrerillos), silban (mirlos u oropéndolas), chillan (gavilanes), etc.: ¡todo un campo léxico que explorar!

— El verano es la época de las flores, el paisaje es multicolor, aumentan las actividades humanas al aire libre (salen los tractores…). Las labores agrícolas dependen de las estaciones, lo que contribuye, en gran medida, a modificar nuestra percepción del paisaje (colores, ruidos y también olores).

Utilizar la variedad de recursos existentes

Después de que la educación ambiental para el desarrollo sostenible se recogiera claramente en los programas de educación, a ellos se incorporaron los 17 objetivos descritos por la Unesco, con el fin de impulsar las metas sociales y medioambientales en relación con la Agenda 2030 (por ejemplo, igualdad de género, producción y consumo sustentables, vida submarina, vida en los ecosistemas terrestres…). A este respecto, existen varios recursos que permiten vincular dichos objetivos con el aprendizaje en la naturaleza (parajes naturales, parques, huertas…).

Así, por ejemplo, existen las *áreas educativas*, que representan zonas terrestres a tamaño reducido (parques urbanos, terrenos baldíos, humedales, bosques, ríos, etc.), que se convierten en un firme apoyo de un proyecto pedagógico que tiene como fin la adquisición de conocimientos y la preservación del entorno para alumnos de entre nueve y doce años, en su guía y su referente (un actor en el ámbito de la educación ambiental). Este enfoque ecociudadano se basa en la gestión participativa de una zona delimitada por una clase. Mediante reuniones del «consejo infantil», el alumnado reflexiona y adopta todas las decisiones que conciernen a ese espacio educativo.

También se puede contar con el *Atlas de la biodiversidad municipal*, una herramienta estratégica efectiva para la actuación local que supera el simple inventario naturalista y ofrece una cartografía de los retos de la biodiversidad a los que se enfrenta un determinado territorio. Su creación persigue múltiples objetivos. Instrumento informativo, que a la vez ayuda en la toma de decisiones, se busca describir en él la biodiversidad de una zona; sensibilizar y movilizar a los representantes públicos, a la ciudadanía y a los agentes socioeconómicos, para proponer medidas de ordenación y de gestión del territorio.

Por su parte, la etiqueta «Escuela Responsable» tiene como finalidad convertir a los alumnos en protagonistas de la transición ecológica y hacer de las escuelas e institutos lugares ejemplares en materia de protección del medioambiente. En relación con los ODS, entender la relación entre las cuestiones ambientales, económicas, sociales y culturales debe ayudar al alumnado a comprender:

— La interdependencia de las sociedades humanas y el sistema terrestre.

— La necesidad de tomar decisiones informadas y responsables.

— La necesidad de adoptar comportamientos en los que se tengan en cuenta estos equilibrios y, por último, la importancia de la solidaridad a escala mundial.

En el conjunto de las Administraciones educativas españolas,[70] se contemplan programas diversos en torno a la potenciación de escuelas saludables y abiertas al entorno, teniendo en cuenta:

---

[70] En Francia, existe la «certificación E3D», que concede el Ministerio de Educación para distinguir aquellas escuelas o establecimientos educativos con programas integrales de desarrollo sostenible y a favor de la biodiversidad (casas para pájaros, huertas, plantación de árboles, etc.). En estos centros, se trabaja sobre la relación entre las cuestiones económicas, ambientales, sociales y culturales. Al inicio del curso, se escogen delegados ecológicos en los centros escolares cuya

— Promoción de estilos y hábitos de vida saludables: vida activa, alimentación saludable, prevención de conductas aditivas y/o de riesgo para la salud.

— Diseño de espacios educativos, dimensión educativa de los espacios del centro educativo, movilidad sostenible y segura en el entorno escolar.

— Sostenibilidad y concienciación ambiental.

— Educación para el desarrollo sostenible y la ciudadanía global.

— Colaboración con el entorno, escuelas abiertas, centro escolar fuera del horario lectivo, etcétera.

A escala española, existe un premio para reconocer a los centros educativos sostenibles.

Conclusión: ¡empecemos!

Como hemos visto, los beneficios de enseñar al aire libre son múltiples. Resumamos los pasos principales para empezar.

Al final del año escolar (mayo-junio), se debatirá en equipo (junta de profesores) la conveniencia de empezar a planificar el aprendizaje fuera del aula y localizar a uno o a varios colegas motivados con quienes colaborar.

---

misión, entre otras, es la de promover acciones ecológicas en el conjunto de la comunidad educativa, luchar contra los desperdicios y promover medidas en las cercanías de cada centro. Además, se les ofrecen a los alumnos de secundaria pautas claras y comprobadas científicamente, métodos para identificar objetivos, organización de acciones y planificación de su puesta en marcha, tanto dentro como fuera del centro educativo. Estas acciones favorecen que los centros educativos se conviertan en lugares efectivos y en agentes para la transición ecológica. En la actualidad, los representantes del alumnado forman parte como miembros de pleno derecho de los comités académicos de coordinación de educación ambiental, que desempeñan un papel esencial en la instauración de esta materia con el apoyo del personal docente, de inspección, de dirección y de orientación.

Se buscará un lugar a quince o treinta minutos a pie de la escuela. La elección estará sujeta a la aprobación de la comunidad o del propietario (si se trata de un terreno privado, se requiere un acuerdo por escrito), además de depender de la accesibilidad y la seguridad del paraje.

Cabe pensar de antemano los contenidos específicos que se desea impartir al aire libre, para vincularlos con la programación y preparar la progresión del aprendizaje.

En la reunión previa al inicio del curso, se presentará el proyecto al equipo docente (vinculación con las actividades extraescolares) y al consejo escolar, que debe dar el visto bueno a las salidas. La iniciativa de impartir un par de clases al aire libre tal vez inspire al resto del equipo y, tras un periodo de observación, podría pasar a formar parte del proyecto docente del colegio. No olvidemos que la organización del centro se verá afectada por esta decisión pedagógica (organización de los horarios).

Se prepara y celebra la reunión de inicio de curso con los padres y madres (cómplices fundamentales de este tipo de proyectos) elaborando un argumentario (conexión con las diferentes materias o con las convicciones profesionales). Es el momento adecuado para exponer que los padres y las madres, en calidad de coeducadores, tendrán que participar en algunas salidas y vestir a sus hijos e hijas de forma adecuada.

Se asegurará de contar con los permisos necesarios y de tener los seguros en regla, antes de emprender las salidas.

Debe explicarse el proyecto al alumnado, comenzando por establecer las primeras normas de seguridad y las expectativas que se tienen como docente. También sería interesante elaborar con los alumnos las reglas de funcionamiento de la clase al aire libre.

Se prepara el material: hojas, lápices, lupas, botiquín, medicamentos específicos, pañuelos, útiles de aseo.

¡Ya estás listo para empezar! Y, sobre todo, no olvides disfrutar, porque solo se puede transmitir aquello que se ama y en lo que se cree...

7

UNA «REVOLUCIÓN DE TERCIOPELO»: TRANSFORMAR LA ENSEÑANZA DE MANERA SOSTENIBLE

A menudo, los profesores se embarcan en la escuela al aire libre motivados por una búsqueda de sentido para la enseñanza. Este tipo de práctica les ofrece contextos reales de aprendizaje, pero también situaciones enriquecedoras para realizarse, tanto a nivel personal como colectivo.

Este proceso se adecúa a los planes de estudio franceses vigentes. Transformar la manera de enseñar conlleva una reflexión en profundidad sobre lo que se quiere y lo que se puede hacer. Es una revolución de terciopelo, en el sentido de que, en última instancia, no se trata de cambios que supongan una ruptura con la enseñanza anterior, sino de un proceso fluido.

Pensar en una educación más acorde con los valores es un verdadero placer. En relación con el capítulo anterior, la habilidad pedagógica del docente reside en la forma de apuntalar e incrementar el aprendizaje en la naturaleza, centrándose al mismo tiempo en los intereses e iniciativas del alumnado. Por ejemplo, es importante dejar espacio al juego en esta educación en la que el niño explora el medio natural, un entorno rico en creatividad y reflexión (observar y clasificar los elementos que lo rodean: árboles, rocas, hojas, etc.).

Pero lo que os proponemos aquí es el esbozo de una voluntad de transformación pedagógica a partir de una serie de caminos posibles.

Utilizar el proyecto de centro y el equipo docente: herramientas de transformación pedagógica que no deben ignorarse…

La adopción de nuevas prácticas educativas exige un periodo de adaptación, tanto para el docente como para el alumnado, ya que los criterios pedagógicos no se cambian de la noche a la mañana. Sin embargo, sí parece viable modificar la adquisición de aprendizajes de forma progresiva, a través de ensayos, aciertos y errores. Resulta más fácil tomar decisiones educativas coherentes cuando se establece un objetivo didáctico claro. De ahí la conveniencia de presentar el proyecto al alumnado al inicio del curso y, después, en la reunión de septiembre, a los padres y a las madres.

Será entonces cuando el docente les informe del lugar (previsto o ya elegido), el número de salidas, el cronograma, los contenidos que se van a impartir y el enriquecimiento que supone esta manera de enseñar, en comparación con la que se desarrolla en el aula. Es importante que los padres y las madres entiendan el aprendizaje que se lleva a cabo, así como el papel que sin duda tendrán que desempeñar durante las salidas: vigilancia, gestión de un pequeño grupo en una actividad, ayuda en la organización de un juego, etcétera.

A continuación, el docente puede exponer su proyecto en el consejo escolar, para que el representante del Ayuntamiento, si procede, proponga un lugar y contribuya a acondicionarlo, o bien dé luz verde, si el sitio ya está decidido y así se requiere.

El docente ahorrará bastante tiempo si conserva parte de sus alumnos de un curso a otro, por grupos de edad. De este modo, será más sencillo retomar los hábitos de trabajo instalados al comienzo del nuevo curso, ya que todo el alumnado, o gran parte de él, estará familiarizado con las tareas y reglas para trabajar al aire libre.

Es interesante valorar una planificación en equipo con el fin de colaborar en la creación de un aprendizaje de carácter progresivo, lo cual hace que el proyecto sea estable y aumenta la motivación de los profesores y la sensación de trabajar en y para un colectivo. Así, el equipo podrá reflexionar sobre los recursos pedagógicos existentes en la escuela y cerca de ella, intercambiar opiniones sobre los cambios que se pretenden, consultar las posibilidades y decidir las etapas de realización del proyecto.

No es necesario embarcarse en objetivos de gran envergadura. Si bien se puede empezar de inmediato con los recursos disponibles, es preferible elaborar un plan general que se desarrollará con los años y se integrará en el proyecto de centro.

Pasos de un proyecto escolar

Los pasos para realizar un proyecto escolar comportan cuatro etapas principales:

— Análisis de la situación.
— Definición de los objetivos del proyecto.
— Planificación de las acciones.
— Evaluación.

El «proyecto educativo de centro» es, en primer lugar, un planteamiento pedagógico. Permite que las diversas prácticas de todos los docentes converjan en un objetivo común y pone de relieve el valor de la reflexión y el trabajo colectivo de los docentes, garantía de coherencia y eficacia de la acción educativa.

El proyecto solo se llevará a cabo si se inscribe en un marco más amplio, que incluya las relaciones con el entorno sociocultural y económico, las dinámicas escolares, las condiciones de vida en el centro y, por último, las actividades extraescolares. Cada proyecto debe suscitar una reflexión profunda sobre las relaciones entre padres, docentes y alumnos: acogida e información a los progenitores o consideración de las propuestas de las instancias educativas.

Todos los participantes deben involucrarse en este proyecto: equipo docente, tutores legales, educadores, personal no docente (agentes territoriales especializados de la escuela infantil, monitores, equipo de espacios verdes…), dirección, etc. Lo ideal sería que también participasen los ciudadanos de los alrededores (vecindario, comerciantes, personas mayores, centro juvenil, etc.) para poder construir en colaboración, teniendo en cuenta las necesidades, los deseos y las competencias de cada uno, debatir para cogestionar los proyectos y participar plenamente en un ejercicio de ciudadanía. No hay que olvidar consultar a los niños, que conocen muy bien lo que ocurre en el patio; por ejemplo, lo que no les gusta y lo que desearían poder hacer en él. Podrían plantear sus ideas mediante dibujos, plastilina o maquetas.

En cada colegio, los equipos elaboran un proyecto escolar, donde se definen «las disposiciones específicas para aplicar los objetivos y los programas nacionales». Este proyecto se elabora con los representantes de la comunidad educativa y en él se detallan las orientaciones y las metas prioritarias, que se traducen en la planificación de las correspondientes actuaciones.

El consejo escolar adoptará este proyecto por un periodo de entre tres y cinco años. Especificará las vías y los medios que se utilizarán para asegurar el rendimiento del alumnado durante el horario escolar y extraescolar y para implicar a los padres; determinará los criterios de evaluación de los resultados obtenidos y atenderá a la diversidad social y cultural de los alumnos implicados, a la heterogeneidad del cuerpo docente y a las particularidades del entorno local.

El «proyecto escolar» es una herramienta de referencia para los equipos docentes y un espacio de iniciativa para facilitar el éxito del alumnado y responder a sus necesidades. Representa, en primer lugar, un enfoque didáctico que permite la convergencia de las variadas prácticas del cuerpo docente hacia un objetivo común, además de poner de relieve el valor de la reflexión y el trabajo colectivos del personal educativo, garante de la coherencia y la eficacia de la enseñanza.

El proyecto de Aniane, una comuna de Hérault

Esta comuna francesa de 3000 habitantes cuenta con unos 300 alumnos y alumnas, desde infantil hasta quinto de primaria. La colectividad está muy implicada en la educación de los escolares y en la calidad de vida de los ciudadanos. Por ejemplo, acometió la permeabilidad de los patios, proyecto para el que se contó con la participación de padres, niños, profesores y personal municipal. Asimismo, la comuna habilitó varios espacios fuera de la escuela, destinados tanto a la población infantil como a las personas adultas, buscando su máximo aprovechamiento (escuelas, asociaciones, guarderías, personas mayores, etc.); las parcelas se organizaron en huertos y parques infantiles, con césped acondicionado por los padres del alumnado. Además, se diversificaron los lugares de aprendizaje de la escuela, mediante la instalación de una pista de atletismo, un circuito para aprender a montar en bicicleta (construido por el comité de adolescentes de la comuna), y también fomentando diferentes ecosistemas (un estanque y una colmena). La comuna, el cuerpo docente de la escuela y un asesor pedagógico en Ciencias colaboraron en el diseño de un proyecto para la creación de una huerta didáctica (ciclo vital o necesidades de luz y agua), destinada a alumnos desde infantil hasta quinto de primaria, cuya programación corrió a cargo de los docentes. Con objeto de que el proyecto se adaptase al horario de los niños, incluido el tiempo que comparten con sus padres, se organizaron reuniones con los agentes territoriales durante el horario escolar y el extraescolar.

Repensar la actitud pedagógica

La cuestión del bienestar y la implicación del alumnado en el aprendizaje son puntos primordiales a la hora de enseñar fuera del aula. Los espacios naturales, al igual que los lugares al aire libre (patios, jardines, parques, estadios…), son oportunidades que hay que aprovechar para captar la atención de los alumnos y responsabilizarlos.

En términos de actitudes y gestos educativos, impartir clases en la naturaleza exige que el docente acepte que los alumnos participen en experiencias que conllevan cierto grado de desafío y de riesgo; por ejemplo, lesionarse o mojarse. Evaluar el riesgo a veces puede entrar en conflicto con nuestros valores o generar temores, por otra parte, legítimos. Ahora bien, al enfrentarse a un riesgo, el educador obtiene la recompensa de aprender a reprimir las respuestas que suelen surgir de manera espontánea («No», «Es demasiado peligroso»). Se revela mucho más enriquecedor barajar con los niños las posibles opciones, de modo que se estimule su reflexión y, más tarde, evaluar las ventajas y los riesgos de una actividad. La pedagogía centrada en la naturaleza requiere que el profesor se deje llevar, dado que no puede controlarlo todo, una vez establecido un marco claramente definido (normas de seguridad o estructuración de los contenidos).

Fuera del aula, el docente puede desempeñar diferentes funciones, para reafirmar el aprendizaje del niño. La enseñanza al aire libre da lugar a la aparición de situaciones espontáneas que el profesor debe valorar con agilidad para orientar las intervenciones y tomar nota de los comentarios o preguntas de los alumnos, con el fin de integrar esos conceptos que surjan en el aprendizaje en el aula. De esta manera, se potencia que el niño explore libremente la naturaleza de forma segura.

Esta pedagogía permite asimismo observar a los alumnos en acción, conversar con ellos y partir de sus intereses, además de favorecer el trabajo en torno a aspectos como la organización de la clase, la cooperación y las reglas grupales. Al volver al aula, los alumnos se muestran más tranquilos y dispuestos a continuar con el aprendizaje. Es importante que el profesor se comporte con autenticidad, ya que los niños también aprenden tanto de lo que hace como de lo que dice.

El docente se convierte así en coaprendiz o coexplorador. Desde este papel, espera a que el niño le plantee preguntas, en lugar de interrogarlo directamente, para fomentar la expresión oral y respetar su iniciativa. Esta experiencia hace que se cree una relación amable y afectuosa entre el adulto y el niño.

Por concretar, el profesor debe dejar espacio y tiempo al niño para que surja su interés o su pregunta. A partir de estas bases, se construye una experiencia potencialmente significativa y fructífera para el desarrollo del niño. Por otra parte, es normal que a los docentes les resulte algo complicado sobrellevar ese tiempo de indecisión que precede al momento en el que el niño encuentra algo que concentra su interés.

Escuchar lo que aflora, y la flexibilidad que ello requiere, sin duda puede llevar aparejada cierta desestabilización para los docentes, habituados a planificar, dirigir y explicar. Sin embargo, es importante reaprender a observar y abstenerse de intervenir con precipitación, profundizar en la experiencia o en la reflexión del alumno.

La idea es conectar con el niño tal y como es y en el punto en el que se encuentra, en particular proponiéndole preguntas

(«¿Qué observas?» o «¿Cómo podrías…?») y animándolo a activar sus conocimientos.

El profesor se convierte entonces en un acompañante del aprendizaje, reforzando los juegos y las iniciativas del alumnado. Además de ofrecerle un andamiaje adecuado, observa su compromiso y recopila indicios de su creatividad, su imaginación, su manera de razonar, etc. A partir de tales observaciones, el adulto promueve después la comunicación verbal y los relatos de los niños, de los que surgen nuevos aprendizajes.

Repensar la manera de enseñar

Esta nueva relación pedagógica se fundamenta en la ambición de repensar la enseñanza a partir de la necesidad de eliminar las barreras entre los conocimientos y las disciplinas para ampliar la reflexión a múltiples facetas.

El pensamiento no es estrictamente literario, matemático, histórico o geográfico, y la comprensión de un fenómeno requiere la movilización de todas las metodologías disciplinarias. Este enfoque global cuestiona la jerarquía entre las disciplinas escolares y revaloriza la educación que favorece la creatividad, lo afectivo, lo corporal, lo manual y lo intelectual, sin gradación, al servicio de una formación que da sentido al aprendizaje.

Esta aspiración se traduce a nivel práctico en el deseo de hacer que el niño actúe, experimente, manipule, observe y ensaye para aprender. Todas estas ideas y coyunturas deben llevarse a cabo en un clima de confianza, de ayuda mutua y de organización lo más democrática posible. Esta confianza en el niño permite afianzar su autonomía y su responsabilidad. Es otra forma de aprender, de enseñar y de plantear la sociedad que se avecina.

Una actitud amable y positiva

La escuela con la naturaleza demanda una nueva actitud hacia lo que se enseña y, por lo tanto, una nueva manera de enseñar. El papel del docente adquiere, si cabe, mayor importancia, ya que la relación pedagógica no se define únicamente por la transmisión de saberes que proceden del adulto. La función del educador es múltiple: por una parte, debe conocer lo mejor posible al alumnado, en toda su complejidad y singularidad, mediante una observación objetiva, minuciosa y constante; por otra parte, también debe guiarlo desde el respeto y la confianza, con hechos y no con palabras, en consonancia con la idea de que «el ser vale por lo que hace, no por lo que sabe».

En este sentido, el profesor está presente en cada etapa del aprendizaje, pero no es solo un transmisor de conocimientos. A través de las actividades que propone, crea una relación pedagógica favorable al aprendizaje.

El niño se encuentra inmerso en un entorno vivo (vegetación y animales); la clase se transforma en un taller de trabajo con múltiples actividades, pero también en un lugar abierto al exterior donde se multiplican las observaciones a través de visitas a museos, monumentos o empresas.

Un educador estimulante

Ser un educador que se decanta por la escuela con la naturaleza significa estar dispuesto a abordar la profesión de una manera más abierta. Desde esta premisa, el docente es, al mismo tiempo, un entrenador, un estimulador y un integrante más del equipo.

Es «estimulante» porque comparte opiniones, intereses y pasiones con su grupo de alumnos. La alegría y el placer son vectores del aprendizaje que hay que tener en cuenta. Así, las actividades escolares pueden realizarse a partir de los intereses de los profesores, de las pasiones que desean transmitir y compartir para que los niños se apropien de ellas. Es una gran suerte que los niños perciban que el adulto no se ciñe a un único papel, a una actitud.

El profesor es un «entrenador»; no es un simple transmisor de conocimientos frente a unos receptores pasivos. Redobla los momentos de observación del alumno para conocerlo y detectar su personalidad y, al mismo tiempo, convertir la clase en una verdadera comunidad rebosante de individualidades. Se trata de un trabajo continuado que se ejerce desde la etapa de la guardería, que fomenta la ayuda mutua y el intercambio entre clases y edades, y que no exacerba la rivalidad, la cual existe de todos modos.

El profesor también es «un miembro más del equipo». No actúa en solitario, sino que participa en reuniones y encuentros formales o informales que permiten responder a todas las preguntas relacionadas con el día a día de la vida escolar y llevar a cabo una reflexión pedagógica conjunta. Esto último garantiza la coherencia dentro de las escuelas, pero también la búsqueda de la adecuación entre los principios, las experiencias realizadas y la realidad del momento. El trabajo en equipo se impone como una necesidad. Para cualquier educador de una escuela activa, es muy valioso poder trabajar en pareja o codo a codo con un grupo de niños, y, si procede, lejos de su «zona de confort» o de su nivel de clase. En función de las circunstancias, cada adulto reacciona a su manera y aporta algo complementario, lo cual deriva necesariamente en la riqueza de los intercambios y del acto de compartir, además de implicar otra posición con respecto al saber.

La coeducación, una relación por construir

Esta visión del docente impone una nueva relación con los padres, componente esencial de la educación de los niños y niñas y de su aprendizaje. Las madres y los padres que eligen una escuela diferente inevitablemente están muy implicados y presentes. Si bien tal preferencia sugiere una adhesión a los principios fundamentales de la pedagogía escogida, es legítimo que exista un espacio para la controversia. La escuela no es un santuario, y los padres tienen derecho a participar de forma activa en todo lo que ocurre en ella: en las actividades organizadas por la asociación de madres y padres de alumnos, en las reuniones, en los talleres con los alumnos, etc. Esta manera de implicar a los progenitores refuerza la formación de los niños, que perciben con claridad la coherencia entre la escuela y su educación en el hogar familiar.

Las relaciones entre los padres y la escuela se rigen por reglamentos precisos y son objeto de una bibliografía relativamente abundante. En la práctica, se traducen de otro modo según se desarrollen en la enseñanza primaria (donde son frecuentes, ya que los padres suelen llevar y recoger a sus hijos en la escuela) o en la secundaria (donde son necesariamente más escasas y distantes).

El vínculo entre las familias y la escuela no es algo que se dé por sentado, sino que hay que forjarlo. Ciertas voces lo califican de «difícil». Los términos negativos que se suelen utilizar para definir esta relación (malentendidos, distancia, diferencias o incluso ausencia u hostilidad) revelan, sobre todo, percepciones relacionadas con las familias más vulnerables, ya sean «populares» o «inmigrantes». Los resultados de las investigaciones sobre la implicación de los padres y las familias en la escolarización de sus hijos coinciden en afirmar que este interés beneficia el rendimiento del alumnado. Entre estos padres, quienes tienen un dominio escaso o nulo de la lectura y la escritura constituyen una categoría particular.

Es esencial reflexionar sobre las herramientas y los medios para construir la relación entre la escuela y los padres —cualesquiera que sean su situación lingüística y bagaje sociocultural—, y promover la participación en el éxito académico de sus hijos y en la vida del centro. Para ello es necesario, por un lado, reconocer sus correspondientes papeles y lugares y, por otro, analizar las diferencias entre las expectativas de la institución y las de las familias. Estos datos son tanto más importantes cuando se trata de familias de origen popular y procedentes de medios de extrema pobreza. El informe *Grande pauvreté et réussite scolaire* [Pobreza extrema y rendimiento escolar], elaborado por Jean-Paul Delahaye, recuerda también que «la confianza solo se obtiene si las familias pobres son consideradas, en primer lugar, como familias que, al igual que las demás, intentan criar a sus hijos en las mejores condiciones posibles».[71]

Repensar los espacios de aprendizaje y el horario escolar

Una de las principales características de las pedagogías nuevas y alternativas es haber elaborado una organización interna de acuerdo con sus principios. Para poner en marcha la escuela al aire libre, es necesario repensar los espacios de aprendizaje.

En este sentido, conviene subrayar varios elementos. Por una parte, teniendo en cuenta a los niños y los medios para favorecer el aprendizaje, estas escuelas pretenden erigirse en espacios abiertos al exterior, pero también «a escala humana», con el fin de permitir un conocimiento real de los niños y posibilitar la interacción. Por otra parte, en el seno de los centros, el aprendizaje demanda una planificación meditada del horario escolar, así como una concepción del tiempo, las necesidades y el ritmo de los niños.

---

[71] J.-P. Delahaye, *Grande pauvreté et réussite scolaire. Le choix de la solidarité pour la réussite de tous*, Rapport IGEN, mayo de 2015.

Centros a escala humana

Todos los proyectos de las escuelas nuevas y alternativas presentan al niño, y no al alumno, como actor de su propio aprendizaje, como un ser social y singular. Se considera al niño en su totalidad, con su historia, sus diferencias y su ritmo de desarrollo, como un ser original, singular y rico en experiencias y vivencias.

Estas concepciones conllevan, para los fundadores de estas escuelas, centros a escala humana donde sea posible el intercambio. La escuela se convierte en un lugar de vida. Todas ellas habilitan espacios que pueden acoger a un número reducido de niños y adolescentes: desde unas cuantas decenas hasta unos pocos cientos de individuos; rara vez más. Una de las principales innovaciones institucionales y pedagógicas de estas escuelas es la creación de lugares que puedan agrupar a niños de todas las edades. Ya no se trata de separar por niveles o clases, sino de ofrecer lugares de intercambio y actividades comunes para distintas edades. No es casualidad que el teatro sea una actividad muy apreciada en este tipo de escuelas: permite superar la compartimentación de las disciplinas escolares y trabajar con niños de diferentes edades.

Es evidente que los espacios comunes ofrecen a pequeños y mayores la posibilidad de relacionarse e interactuar a lo largo de la jornada. Por lo tanto, en las escuelas tradicionales sería conveniente concebir clases con varios niveles, o, por ejemplo, clases por ciclos, lo que permitiría plantear el aprendizaje con ayuda mutua, cooperación y tutoría entre el alumnado.

Crear espacios propicios para el aprendizaje

Preparar al niño no solo para la adquisición de conocimientos y competencias, sino también para la vida, supone organizar en la escuela (tanto en las aulas como fuera de ellas) un entorno que lo ponga en contacto con realidades diversas, con la vida y sus manifestaciones. Se pide a los niños que traigan a clase todo tipo de objetos, materiales, plantas y animales para que puedan tocarlos, olerlos, examinarlos y observarlos, pero también compararlos, clasificarlos, dibujarlos y documentarse sobre ellos. Realizan colecciones de objetos que poseen o que han recogido durante los recreos, las salidas al bosque o las clases verdes. Se pone a su disposición una gran variedad de materiales: libros, balanzas, lupas, agua, arena, etcétera.

Se reserva un lugar importante para la cría de animales domésticos (insectos, roedores, gallinas...) y para las plantaciones, cuyo crecimiento se puede vigilar día a día; muchas escuelas disponen de un jardín en el que cada clase cultiva una parcela. De este modo, los niños aprenden a cuidar de los seres vivos, a observarlos, a responsabilizarse de alimentar a los animales o de regar las plantas, a ocuparse de ellos respetando sus necesidades. Aprender a respetar la vida los lleva a concienciarse de la relación que existe en la naturaleza entre los seres vivos.

Es interesante que el adulto y el grupo de alumnos colaboren en el diseño de las aulas con el fin de que se conviertan en lugares ricos para el aprendizaje y que permitan moverse, realizar trabajos manuales, pesar, medir, practicar, observar, experimentar, clasificar, buscar documentos, coleccionar, etc. Esta organización institucional y pedagógica está al servicio de una determinada perspectiva: «¿Qué lugar se le otorga a la actividad de los niños?». Así pues, el aula no es el lugar único y «sagrado» para aprender, sino un espacio de trabajo entre otros.

Abrirse al exterior

Cuando la escuela se abre al exterior, por ejemplo, durante las visitas a algún lugar (granjas escuela, talleres de naturaleza, inmersiones lingüísticas…) o las salidas de un día, los alumnos viven situaciones importantes de revelación sobre el mundo que los rodea. A pesar de las dificultades materiales y las exigencias actuales en materia de seguridad, estas excursiones, si se coordinan con los temas desarrollados en el aula, proporcionan momentos privilegiados para el aprendizaje compartido.

Por otra parte, la educación en la naturaleza nos ayuda a liberarnos de las limitaciones habituales en cuanto a horarios y calendario para adoptar otro ritmo de vida, en el cual las restricciones tienen que ver con el lugar o con el clima. Los niños exploran espacios desconocidos, observan la naturaleza y la vida de los animales, conocen a las personas que viven y trabajan *in situ* o se impregnan de otra lengua y de otra cultura.

La flexibilidad horaria y la variedad de actividades posibles permiten al niño una mayor autonomía, le ofrecen la oportunidad de revelar aspectos nuevos de su personalidad y de crear otros vínculos dentro de su grupo y con el profesor.

La articulación entre el aprendizaje en el exterior y en el interior es esencial

Más allá del deseo de salir con la clase a la naturaleza, hay que pensar en este tipo de aprendizaje en el marco de la enseñanza, aprovechando las observaciones y los conocimientos adquiridos en el exterior, pero también reforzándolos, para institucionalizar los saberes en el aula; por ejemplo, es posible entender la importancia de proteger la fauna del suelo y no aplastar la tierra para conseguir un jardín productivo. Guiados por el docente, los alumnos accederán a la relación que existe entre la aireación del suelo y la presencia de una fauna rica, y luego completarán sus observaciones con una investigación documental y un informe, donde se muestre la progresión de un pensamiento elaborado y fundamentado.

Del mismo modo, al alumno le resultará fácil comprender el efecto «isla de calor urbano» y la importancia de la evapotranspiración de los árboles, que disminuye la temperatura del aire y mejora la comodidad de los habitantes de la ciudad..., y, en consecuencia, a veces también la de la escuela. A través de esta pedagogía de apertura hacia los demás, el alumno confrontará sus observaciones con los conocimientos de arquitectos o investigadores. Enseñar al aire libre requiere un anclaje medioambiental, que permita ampliar enfoques sensibles, sensoriales y estéticos, al tiempo que se adquieren conocimientos que es posible cuantificar.

Organizar el horario escolar

Hay que reconocer que los entornos educativos están estructurados por horarios en los que el tiempo se divide en periodos de actividad, transiciones, etapas y ciclos regulares. Si bien estos garantizan la coordinación y la organización del trabajo de cada uno, también contribuyen a crear rupturas que no siempre se adaptan al ritmo y a las necesidades de los niños. Se antoja fundamental que el tiempo de clase se organice mediante intervalos de horarios flexibles y no en sesiones de idéntica duración, sin perder de vista los proyectos pedagógicos y las diferentes actividades y dejando tiempo para que cada uno se dedique a su trabajo personal, reflexione y se esfuerce a su ritmo.

La organización del horario escolar, con el fin de desarrollar los diferentes pasos de las investigaciones y la evolución del pensamiento, es un eje importante de la enseñanza al aire libre. Debe permitir alterar las situaciones de aprendizaje, reducir los esfuerzos que se derivan de la fragmentación del tiempo y dedicarlo a construir el conocimiento y a aprender con otros niños o con adultos distintos del docente de referencia. Se hace hincapié en la colaboración, la investigación en común y la comparación de métodos, así como en la aportación de ayudas específicas.

Repensar el papel de las materias que se imparten

Los niños son aprendices activos e interactivos, por lo que necesitan experimentar en situaciones reales para realizarse. La naturaleza es un contexto educativo privilegiado debido a su inagotable fuente de oportunidades de aprendizaje y socialización.

Esta transformación por etapas modifica nuestra visión de la escuela y de la educación del alumno, que aprende y evoluciona en contextos significativos y auténticos a través de los cuales puede desplegar habilidades relacionadas con su desarrollo integral. Al participar activamente en su aprendizaje, se encuentra en mejor disposición para profundizar en sus conocimientos y aplicarlos a otros contextos. Es importante que el profesor tenga en mente objetivos específicos y coherentes (vínculo con la evolución integral y los programas): socializar, sensibilizar sobre el desarrollo sostenible, educar en ciudadanía, favorecer el aprendizaje significativo, fomentar un enfoque multidisciplinar, promover la autonomía, reforzar la iniciativa del alumno y convertirlo en protagonista de su educación.

Además, las clases al aire libre permiten plantear un aprendizaje menos, o incluso nada, basado en el género, ya que facilitan una creciente toma de iniciativas por parte de las niñas, que se atreven a participar más en actividades normalmente reservadas a los niños. Del mismo modo, en el caso de alumnos con trastornos de atención, se constata un mayor dominio del autocontrol, primero físico y luego mental, y, como consecuencia, un aumento de la confianza en sí mismos.[72]

Todas las pedagogías de la nueva educación, y también la escuela al aire libre, en línea con esta nebulosa educativa, subrayan que no aspiran a la acumulación de conocimientos ni a la adquisición de un saber formal ni de una nomenclatura. Más bien proponen actividades basadas en la necesidad del niño de actuar, de manipular, de cuestionar, de tantear, de imaginar, de inventar, de transformar o de clasificar; todo ello con el fin de ofrecerle las condiciones adecuadas para facilitarle la construcción y la estructuración de su pensamiento y de sus conocimientos.

El papel del educador es fundamental. De hecho, debe prever, anticipar y proponer el máximo número posible de líneas de investigación y de materiales que permitan comparar, clasificar y jerarquizar. Partiendo de la realidad de los primeros acercamientos y de las primeras miradas, estimula al introducir términos más precisos, al destacar los conceptos que hay que retener, y anima a ir más allá y a comparar diferentes puntos de vista. Como mediador de lo que está sucediendo, recibe todas las reacciones y comentarios y los ordena. No cabe duda de que es un papel difícil y complejo que se aprende: una observación demasiado dirigida u orientada arrebata la iniciativa de la mirada al niño y deviene en una observación-ilustración de un saber y no en una actividad en toda regla.

La observación es un «motor» para el docente si está dispuesto a buscar el conocimiento científico con antelación, más allá de la mera preparación pedagógica. Solo así podrá ayudar a los alumnos a superar el estadio de la simple descripción y a emprender el camino de la experimentación. La práctica de este tipo de actividades

[72] C. Acheroy, C. Leterme y A. Faniel, *Apprendre dehors. Enjeux des pratiques éducatives ancrées dans le milieu*, pp. 37-39.

y la experiencia adquirida son bazas para aprender a sobreponerse, a sobreponerse con rapidez y, al mismo tiempo, a ser selectivo y a jerarquizar los temas que tratar.

Evaluar de otro modo

Las pedagogías alternativas preconizan una manera diferente de enseñar, lo que implica una nueva concepción de la «evaluación». Evaluar con benevolencia es un requisito indispensable en la educación. La cuestión es saber cómo hacerlo y cuáles son sus fines e intenciones. A través de un entorno-aula lo más dinámico posible, el niño, reconocido en su afectividad, con sus titubeos, sus preguntas y su ritmo personal, podrá desarrollar sus capacidades y ser tenido en cuenta. Dado que cada niño es diferente a los demás, conviene apostar por los aspectos positivos de su personalidad y dar a las distintas materias una importancia no jerárquica.

Es interesante evaluar la evolución, el progreso, los logros, la capacidad de trabajo y las aptitudes del alumnado. La evaluación es continua y formativa. Al niño se le entrena de manera gradual a juzgar su trabajo y a autocorregirse. El error representa las dificultades con las que se encuentra para aprender; por lo tanto, forma parte del proceso. De ahí que la evaluación no deba percibirse como la constatación de un fracaso. El niño que participa en una actividad intenta responder a las preguntas que se le plantean a partir de sus conocimientos y en función de los medios de los que dispone. El educador vigila su evolución, lo ayuda a llevar a buen término la tarea que se ha propuesto e interviene si el niño corre el riesgo de fracasar. El diálogo que se establece entonces entre el niño y el adulto es un intercambio de puntos de vista, una puesta a punto, un reajuste, pero nunca un juicio definitivo. El adulto comenta, valora y juzga los trabajos parciales respetando las posibilidades del niño, su ritmo y sus conquistas. Valora el trabajo y los progresos realizados.

La meta es valorar una iniciativa o poner de relieve un error, y no forzar al niño a ajustarse a una norma o imponerle una solución que no se corresponde con su propio enfoque y que no será capaz de comprender. Por eso, ninguna apreciación ni evaluación de los resultados de los niños puede traducirse en un sistema de calificaciones. Una nota introduce un juicio de valor, da más importancia al resultado que al proceso y a los pasos dados, rechaza la diferencia de ritmos de los niños, los coloca en una competición en la que solo se tiene en cuenta la rentabilidad y que solo puede conducir a la exclusión de los menos «eficaces». La mirada del docente está ahí, ante todo, para mostrar al alumno que se interesa por lo que hace, que lo escucha, que lo valora y que confía en él. El motor del aprendizaje no es la rivalidad (pues el niño no tiene que situarse en una jerarquía), sino el deseo de crecer y colmar su curiosidad. La competencia existe de forma natural entre los niños, pero, en el ámbito educativo, las pedagogías alternativas destacan la idea de utilizarla como un incentivo personal para superarse, compararse con uno mismo y construir la propia autonomía.

Dar cabida a los proyectos compartidos

Una de las características de todas estas corrientes de pensamiento es el deseo de «salirse» de las disciplinas escolares para crear actividades que permitan ir más allá de las áreas clásicas, y pensar, más bien, en la transversalidad del aprendizaje. Esta superación es posible creando actividades interdisciplinares unidas por un interés común que surge de las preguntas y observaciones del alumnado, y que constituyen una oportunidad para el intercambio y la cooperación entre los niños. En este caso, el trabajo de cada uno es útil para la realización del proyecto de todos, aunque las competencias sean muy diversas.

En el marco de un proyecto, por ejemplo, de reforestación de un terreno cedido por el municipio, será posible trabajar de manera transversal: desde la biología, para estudiar el ciclo de desarrollo vegetal; desde las matemáticas, para contar la cantidad de árboles plantados en una superficie o para calcular cuánta agua hay que proporcionarles; desde la expresión escrita, para redactar informes con el fin de transmitir información al municipio o a otras clases.

Este tipo de trabajo da sentido al aprendizaje, que se integra de forma visible en la realización de un proyecto concreto y se organiza según el ritmo y las necesidades de los niños; por ejemplo, el cultivo de un jardín abarca, en función de las capacidades de cada uno:

— Actividades de medición (perímetro, área, duración, peso de las cosechas), etcétera.

— Actividades relacionadas con la topología (planos a escala o trabajo sobre una exposición).

— Actividades matemáticas (proporcionalidad, cálculos para las compras necesarias, curvas de crecimiento, etcétera).

— Investigaciones documentales o redacción de textos.

— Estudio del ciclo de las plantas o el concepto de «medioambiente».

— Actividades de plantación o cocina.

La importante cuestión de la formación del profesorado

Enseñar al aire libre se aprende; incluso es una condición para dar estabilidad a esta manera de educar. No se trata de que haya que integrar un nuevo módulo en la formación inicial y continua de los docentes, en unos años ya suficientemente cargados, ni tampoco de permitir que determinadas disciplinas hagan de la formación su coto privado, sino de replantearla desde el prisma de una educación donde se considere la complementariedad de la escuela en el aula y la escuela al aire libre. Como hemos señalado, se trata de una impregnación necesaria en el magisterio. En Bélgica, parte de la formación de los futuros docentes se realiza al aire libre (Haute École Libre Mosane – HELMo, Lieja): exploración del medio urbano, del medio rural y de un medio extraordinario (playa o montaña), y se articula mediante la combinación del aprendizaje en el exterior y el trabajo en un laboratorio de investigación. Los educadores viven y construyen actividades sensoriales y, luego, llevan a cabo análisis reflexivos y didácticos… Sin embargo, los resultados son insatisfactorios en lo que respecta a la enseñanza al aire libre: el 93 % cree que se debe fomentar la escuela al aire libre; el 99 % piensa que es importante introducir la naturaleza en el contexto escolar, pero solo el 30 % se plantea las salidas al exterior para enseñar algo a los alumnos (Instituto de Ecopedagogía).

¿Cómo formar a los futuros maestros y maestras de primaria para que se sientan cómodos con la enseñanza al aire libre, la deseen y comprendan su importancia? En Bélgica, un estudio demostró que el 13 % de ellos tiene contacto con la naturaleza varias veces a la semana; el 53 % sale menos de una vez al mes, y el 49 % no practica la jardinería… Las razones aducidas son: malas condiciones físicas, miedo a ensuciarse cuando salen con sus alumnos, miedo a lo desconocido o a encontrarse con personas a quienes no conocen y, por último, falta de conocimientos empíricos (formación inicial insuficiente; véanse las pruebas PISA de Ciencias de 2019). Así, el 51 % de los alumnos-maestros no es capaz de identificar fenómenos naturales conocidos de forma científica, mientras que el 2 % interpreta situaciones poco conocidas y construye explicaciones científicas a nivel sistémico.

Conclusión

La educación a través de la naturaleza exige una relación más flexible con el tiempo para permitir que el alumnado se adentre en el aprendizaje y para que se produzca una reflexión más profunda.

El aprendizaje fuera del aula está claramente definido por un sistema de valores personales, que se sustenta en el libre albedrío y la libertad académica. Se trata de una verdadera apuesta por el cambio de funcionamiento por parte del educador, quien se cuestiona su actitud y opciones pedagógicas: reflexionar sobre la relación entre las disciplinas escolares o reorganizar los tiempos y los lugares de aprendizaje con una conexión fluida entre los resultados adquiridos dentro y fuera del aula. Esto requiere formar a los docentes; lograr que evalúen de otra manera, dentro de los objetivos fijados por los programas.

CONCLUSIÓN GENERAL

Pensar y poner en práctica la escuela al aire libre significa apoyarse en una historia, unos principios y unas prácticas. Esta historia, antigua e internacional, evidencia una reflexión de conjunto sobre los vínculos entre las sociedades humanas y su entorno, además de reafirmar los principios y prácticas de la nueva educación. La escuela al aire libre que proponemos en este libro no es una afirmación de la espontaneidad del aprendizaje. No se trata ni de una ingenuidad pedagógica ni de una deriva hacia el laxismo, sino todo lo contrario. Sin ser emancipador en esencia, el aprendizaje al aire libre representa un motor para todas las actividades comunicativas, de intercambio, de compartir, de ayuda mutua, de colaboración y de cooperación. De este modo, superamos el contexto estrictamente escolar para establecer que se trata de una pedagogía integral y de un proyecto escolar, familiar y social.

La escuela en y con la naturaleza representa, en la actualidad, una ambición que surge de una necesidad, una exigencia y una urgencia; una necesidad que la crisis sanitaria no hizo más que poner en evidencia para todos y todas. Pero el entusiasmo actual, si bien es una realidad, debe convertirse en el inicio de un proceso de transformación educativa.

Atreverse a llevar la escuela al aire libre es también una exigencia de solidaridad con los demás y con el medioambiente. Es una forma de concebir al ser humano como miembro de un ecosistema, como parte de un todo. Cuestión tanto filosófica y social como educativa, los vínculos entre el ser humano y la naturaleza provienen de nuestra historia y de nuestras certezas. Cambiarlos será un proceso largo. La concienciación ecológica no es solo la construcción de lazos armoniosos y respetuosos con la naturaleza, sino también la adquisición de la convicción de que pertenecemos a un todo. La urgencia de poner en marcha esta escuela al aire libre se ve subrayada por el hecho de que este ecosistema posee recursos limitados y de que el respeto por todos los seres vivos es un requisito previo para comprender nuestro futuro; un futuro que será lo que nosotros hagamos de él y lo que nuestros alumnos, futuros ciudadanos, hagan de él. Para nosotros, la educación es la única palanca de cambio sostenible y pacífica de nuestra forma de ver, pensar y actuar.

Frente a los autoritarismos, las creencias de todo tipo y el rechazo del otro, la escuela al aire libre implica un énfasis en la necesidad de la solidaridad entre los seres; entre todos los seres vivos, ya sean humanos, animales o vegetales. El aprendizaje del libre albedrío, el libre examen y el espíritu crítico está en «simbiosis» con la comprensión de la solidaridad entre todos los seres vivos, la empatía y el altruismo. Educarse en la naturaleza es tanto un requisito previo como el núcleo de esta escuela al aire libre. La urgencia de tener en cuenta los retos ambientales impone esta ecopedagogía crítica y emancipadora. La escuela en y con la naturaleza transmite los valores de la República: valores humanistas, no creencias.

Queríamos demostrar que esta escuela al aire libre solo es posible si se mantiene fiel a los ideales de la nueva educación; a la idea de la educación al alcance de todos y todas; a la consideración del niño, de sus necesidades, de sus derechos, de su ritmo, de su potencial para el futuro, del hecho de que será un ecociudadano portador del porvenir de todos. La educación integral resalta la importancia de considerar al niño en su totalidad y de permitir un desarrollo armonioso de las diferentes facetas de su ser. Un aprendizaje que incorpore el desarrollo intelectual, corporal, manual y afectivo de los niños y de los adolescentes. Los principios de la nueva educación son la columna vertebral de esta escuela al aire libre, que conlleva una emancipación individual y colectiva mediante el aprendizaje de la autonomía y la democracia. Teniendo en cuenta el entorno en el desarrollo de los niños, la nueva educación propone prácticas específicas, como la presencia de huertas o la redistribución de los espacios. La forma escolar clásica centrada en el aula debe ser un espacio de aprendizaje entre otros, y no el lugar exclusivo para la enseñanza.

Las Escuelas en la Naturaleza también son una referencia en la educación al aire libre. Por su historia y su estructura internacional, evidencian una forma de desarrollo de nuevas escuelas en la naturaleza. Pero, más allá de sus características, a menudo vinculadas a países que históricamente mantuvieron fuertes lazos entre la sociedad humana y la naturaleza, la proliferación de este tipo de centros sigue siendo limitada. No obstante, las prácticas de las Escuelas en la Naturaleza diseñan el paradigma de una pedagogía alternativa. Si bien la transposición de este modelo sigue siendo muy marginal, lo que hemos denominado «hibridación pedagógica» permite a las escuelas practicar actividades específicas, desarrollando un aprendizaje más informal, pero también ligado a las emociones, la sensibilidad, la creatividad, la comunicación y el conocimiento de uno mismo y de los demás.

Nuestra reflexión está relacionada con la evolución de la educación pública, el único espacio posible para una enseñanza de todos y para todos: una escuela que debe ser un lugar de encuentro, de mezcla social, de alteridad. Si bien la ambición es grande, también es la única forma de proponer, a través de la educación, un verdadero proyecto de sociedad solidaria y humanista. La fuerza de la escuela al aire libre es que se dirige a todos. La gran mayoría de la población vive en ciudades o en espacios periurbanos. La escuela al aire libre se puede practicar en cualquier lugar. El objetivo es salir del aula para aprender. Este cambio en la forma escolar supone, además, un cambio de paradigma. Tanto en las zonas urbanas como en las rurales, los espacios escolares son lugares privilegiados para el aprendizaje. La renovación y la naturalización de los patios, pero también la redistribución de los espacios, a imagen de las escuelas al aire libre de principios del siglo XX, representan ejemplos para los arquitectos y las entidades locales, con el fin de crear lugares adecuados para un uso educativo coherente. Integrar la naturaleza en la rutina del aprendizaje puede lograrse mediante gestos cotidianos y sencillos de conocimiento del entorno, del espacio cercano y a través de la enseñanza de la biodiversidad.

Frente al individualismo y la segregación, la escuela al aire libre debe ser la del bien común y la emancipación de todos y todas. Esta escuela al aire libre se aprende. Solo será posible con la voluntad y el empeño de los profesores y profesoras, pues son los artífices de esta revolución pedagógica. Sus reflexiones y acciones ilustran ya esta escuela en y a través de la naturaleza. Es una realidad, pero debe ampliarse y generalizarse.

Los beneficios y las ventajas de una pedagogía basada en la naturaleza ya están establecidos y validados. La naturaleza es esencial para todos y todas. Las actividades fuera del aula ponen de relieve la necesidad de actuar, de experimentar, pero también de tener en cuenta el cuerpo. Así, la clase paseo es una práctica, un instrumento que favorece numerosos aprendizajes, además de integrar la reflexión en profundidad sobre la manera de enseñar. Esta clase paseo enfatiza la necesidad del tanteo experimental, de una pedagogía basada en proyectos.

La escuela al aire libre hace posible esta revolución pedagógica basada en el desarrollo armonioso de los niños y de los adolescentes.

La hemos definido como una «revolución de terciopelo», ya que es viable en el marco de las estructuras actuales de la enseñanza pública. No hemos presentado «soluciones con llave en mano»; no somos partidarios de la fórmula «un año para cambiarlo todo». Partimos de situaciones e iniciativas reales llevadas a cabo. La efervescencia de reflexiones y acciones es considerable. El propio marco de los programas hace posible tal modificación de las prácticas.

Esta «revolución de terciopelo» es una toma de conciencia tanto individual como colectiva: individual, porque permite a cada educador, ciudadano e individuo reflexionar sobre sus propias acciones, sobre su voluntad de cambiar por el bien de sus alumnos. Esta voluntad de situar la naturaleza en el corazón del aprendizaje supone necesariamente un cambio progresivo y continuo en la manera de enseñar. Esta revolución individual es también colectiva, ya que la escuela al aire libre posibilita los proyectos comunes, el trabajo en equipo y una perspectiva diferente del papel de las materias que se imparten, de las expectativas y de los objetivos de la educación. ¿Es la escuela en y con la naturaleza la revolución pedagógica del siglo XXI? Es una ambición realista, fundamentada en los principios y anhelos de las pedagogías de la nueva educación para un desarrollo armonioso de los niños; de una educación integral, emancipadora y democrática. Esta «revolución de terciopelo» perfila la realidad de una pedagogía activa, decididamente activa, y la presencia de la naturaleza, sin ser un postulado, es una palanca para la actividad y la experimentación en todas las disciplinas.

EPÍLOGO
EDUCAR CERCA DE LA NATURALEZA

Eugenio Otero Urtaza

Universidade de Santiago de Compostela

O que ama a natureza
ten que respetarlle a vida.
Non hai meirande beleza
nin emoción tan cumprida.

MANUEL MARÍA

Hace tiempo que los educadores necesitábamos un libro así. Con frecuencia se escucha que es necesario sacar a los escolares del aula y que aprendan relacionándose directamente con las cosas y la realidad, pero es todavía difícil cambiar no ya los esquemas de aprendizaje en la escolaridad, sino cómo evaluar lo que no necesita una escala ni un boletín de notas. Pasar un día en un espacio natural produce muchos aprendizajes imponderables que llevan a comentarios que podemos escribir los educadores en un diario, pero que son demasiado singulares para otorgar una calificación académica convencional. Cossío afirmaba a principios del siglo XX que el aula debe estar solo para organizar y ordenar lo que se aprende fuera y, tal vez, aprender en el campo establece otro modelo de valores que pueden estimarse sin una eficiencia contable. Claro está que las ideas de este libro las piensan con frecuencia muchos educadores y educadoras, pero llevarlas a la práctica suele encontrar dificultades, no solo administrativas, sino también las relativas a las concepciones que se tienen del aprendizaje al aire libre, en contraste con una actividad escolar sedentaria.

Corine Martel es doctora en Ecología e inspectora de educación primaria en Montpellier. Ha sido asesora pedagógica en Ciencias y Educación para el Desarrollo Sostenible. Dirigió el centro de recursos Educnature, en colaboración con asociaciones que trabajan en educación para el desarrollo sostenible y autoridades locales. Sus experiencias de aprendizaje, de índole científica, están relacionadas con la biodiversidad, el cambio climático y la ecociudadanía. Trabajó en la transformación de los patios escolares como espacios verdes, formando a los profesores en estos ámbitos y también como docente de Historia de la Educación. Por su parte, Sylvain Wagnon es profesor en la Universidad de Montpellier y responsable del Centro de Estudios sobre Historia de la Educación en la Facultad de Educación. Sus investigaciones se centran en el estudio de las corrientes contemporáneas de la nueva educación y, principalmente, de las «pedagogías alternativas»: desde Montessori hasta el modelo de Sudbury Valley.

El enfoque que presenta el libro es un antídoto contra el llamado «neoliberalismo», que rompe los vínculos de solidaridad y relación afectiva con el entorno y reduce a las personas a objetos desechables cuando dejan de ser útiles a sus propósitos. La naturaleza no debe sacralizarse ni tampoco todo lo resuelve, pero nos presenta una alternativa para movernos en la dinámica del Antropoceno: comprender que, si los seres humanos hemos logrado estar en todos los paisajes y habitarlos, también debemos ser conscientes de nuestros límites. No estamos solos, porque cada lugar que habitamos es un nicho ecológico lleno de seres con los que es necesario convivir, respetar y compartir espacios. El aire libre ofrece un conjunto de elementos que enriquecen la formación de los escolares ampliamente. No solo es un recurso muy valioso para desarrollar el currículo, sino un territorio donde las personas crecen en los valores necesarios para sentirse ciudadanos, más allá de los marcos territoriales, y compartir la ecúmene. Los aprendizajes en la naturaleza fortalecen los valores morales y la propia conciencia de la vida y permiten caminar hacia la autorrealización, conforme la pirámide de Maslow.

Hay un momento en el primer capítulo que hace consciente al lector de la importancia que adquirirá la argumentación de conjunto: Élisée Reclus es un legado muy hermoso para construir un pensamiento teórico sobre la relación de los seres humanos con la naturaleza. En 1866 había publicado *Du sentiment de la nature dans les sociétés modernes*, en el que afirmaba que el entusiasmo por la naturaleza, al igual que el gusto por las artes, se desarrollaba a través de la educación; un aprendizaje que se adquiría mediante el viaje y el conocimiento de la vida de otros pueblos, que convertía —dice— a las personas en más inteligentes: un avance en la comprensión del planeta que constituía una ventaja invaluable para la sociedad en su conjunto.

Reclus, además, percibía ya en el siglo XIX el problema del crecimiento incontrolable de las ciudades y la ruina de los paisajes rurales:

> Existe una armonía secreta entre la tierra y los pueblos que la sustentan y, cuando las sociedades imprudentes se atreven a apropiarse de lo que constituye la belleza de su territorio, siempre terminan lamentándolo. Donde la tierra se ha vuelto fea, donde toda poesía ha desaparecido del paisaje, la imaginación se marchita, las mentes se empobrecen, la rutina y la servidumbre se apoderan de las almas y las predisponen al letargo y la muerte.

Desafortunadamente, en España hay una carencia grande del conocimiento de Reclus, que fue uno de los pocos pensadores que compartieron la Institución Libre de Enseñanza y la Escuela Moderna de Francesc Ferrer. Había entonces un movimiento transnacional, no del todo explícito, en el que participaban además de Reclus, Giner, Geddes, Thoreau o Anna Botsford Comstock y otros pensadores y pensadoras que resultaría laborioso enumerar ahora. El hilo que los unía en un mismo propósito fue comprender que la naturaleza era una fuerza educadora que transformaba a la humanidad en un tiempo en el que la Revolución Industrial había comenzado a destruir la cultura rural milenaria de Europa, así como inmensos espacios naturales de otros continentes y a los pueblos indígenas que los habitaban.

Cossío y Reclus tuvieron una relación muy estrecha con Patrick Geddes. Este había asesorado a Cecil Reddie sobre la creación de la Abbotsholme School, y también a Hermann Lietz, quien tras su experiencia con Reddie fundó varios internados rurales en Alemania. Reclus participó en varios cursos de verano organizados por Geddes en Edimburgo, a los que asistió también Edmond Demolins en 1894, quien se inspiró en Reddie para abrir su propia escuela: la École des Roches. Es conveniente destacar la influencia que ejerce Geddes en todos estos pensadores que, desde ese primer movimiento de la naciente escuela nueva, muestran un interés muy marcado por la educación en la naturaleza. Geddes fue el predecesor de algunas de las ideas que más suelen usarse al hablar de educación al aire libre: aprendizaje experiencial, pedagogía caminante, escuela activa, educación ambiental, pedagogía del lugar… Se le atribuye también uno de los lemas más conocidos del movimiento ecologista, «piensa globalmente y actúa localmente», que luego popularizaría Kofi Annan en 1997.

Los temas que trata el libro son muy comunes a las preocupaciones actuales que tenemos en el siglo XXI sobre cómo reverdecer la escuela y aproximarla a la naturaleza, no solo porque es un espacio donde se pueden tratar de otra manera todos los elementos del programa escolar, sino también porque genera una mentalidad de respeto al planeta y suscita experiencias de sociabilidad que contribuyen a la creación de un mejor mundo. Los autores han mostrado una multitud de sugerencias sobre lo que podemos hacer con los escolares, sobre cómo cambiar nuestras estrategias de enseñanza. Sin duda, el libro fue escrito para un público francés y, a veces, es necesario hacer la traslación a los intereses del lector hispano, especialmente si tienen ya unos puntos de anclaje en el conocimiento de la educación en la naturaleza y el aire libre.

Lo primero destacable del texto es que se combina la reflexión teórica con un conjunto de propuestas prácticas factibles, replicables y fáciles de adaptar a situaciones diferentes. Invita a «repensar la actitud pedagógica», porque aprender en la naturaleza permite conectar todos los conocimientos. Garantiza un marco de aprendizaje integral, no solo conceptual, sino en relación con las actitudes y las experiencias globales, fomentando la curiosidad, el movimiento, el descubrimiento del paisaje entendido como conjunto humano que habita y transforma un territorio. Sin duda, el marco teórico es mucho más amplio del que ellos establecen, pero tiene un punto con un extraordinario valor que no es frecuente encontrar en esta bibliografía pedagógica: los autores consideran y defienden que la educación en la naturaleza puede establecerse en la educación pública. Y es a la escuela pública a la que apelan a lo largo del libro. Salir a la naturaleza, centrar los aprendizajes escolares en la naturaleza depende mucho de la voluntad de los docentes.

Ciertamente, no es una moda pasajera. El crecimiento de las ciudades y el abandono de la vida rural han modificado profundamente las formas de habitabilidad y consumo de toda la humanidad; no ya solo porque las destrezas del cuerpo, y del quehacer de las manos en relación con la mente, han perdido sitio ante un modelo de aprendizaje que se hizo más sedentario y atento a lo que surge en las pantallas. Hay ahora una preeminencia de una «realidad virtual» agregada a todas las formas de conocimiento, en la que el movimiento físico se ha reducido considerablemente, así como el esfuerzo de caminar y conocer el mundo por sí mismo. No solo se ha producido una ruptura con los espacios rurales que antes eran próximos a las ciudades y ponían cerca de la naturaleza a los escolares, sino que incluso la ciudad, fuera del entorno familiar, se ha convertido en un entorno hostil para la infancia. Como recuerda Tonucci, la ciudad ha dejado de ser un lugar de encuentro para convertirse en un escenario de tráfico rodado, congestión, inseguridad y contaminación, con sus zonas segregadas o especializadas, lo que expulsa a los niños de la calle.

El crecimiento de la ciudad y la destrucción de sus periferias verdes han dejado la naturaleza lejos. En las grandes metrópolis, los hijos de clases humildes pueden pasar toda su infancia y juventud sin bañarse en un río que se adentra en un bosque, subir a la cumbre de una montaña o visitar una granja rural, y menos aún permanecer una semana en un espacio natural sin las comodidades urbanas y artilugios digitales. Están así privados de un conjunto de aprendizajes que eran comunes en otro tiempo en la edad infantil. Apenas caminan, no se suben a un árbol o construyen una cabaña; no pueden permanecer una tarde jugando seguros, fuera de la vigilancia de los adultos y ni siquiera caminar solos en una aldea, porque pasan coches por la pista asfaltada. La vida de la infancia ha cambiado tanto que las habilidades que los niños aprendían en el campo han desaparecido. Se ha creado la necesidad de hacerlos dependientes de las pantallas y objetos manufacturados, lo que ha supuesto la pérdida de un conjunto enorme de habilidades no ya manuales, sino también sociales y de construcción de su mundo interior, para hacerlos crecer como personas.

La falta de contacto con el medio natural ha sido analizada por Richard Louv como el «síndrome de deficiencia de naturaleza», que considera responsable de algunos de los problemas que actualmente tienen los niños en su desarrollo. Aunque la palabra «reconexión» puede resultar exagerada, es necesario reverdecer las ciudades para que la infancia tenga lugares para hacer una vida más sana: lugares donde puedan subirse a los árboles o ver el nido de un pájaro. El libro hace, por ejemplo, una aportación muy interesante cuando se queja del sellado del suelo con el asfalto, que destruye la superficie vegetal. La naturaleza no ha desaparecido en la ciudad, sino que ha quedado reducida a islas verdes y hay que conectar y ampliar esos espacios en las metas estratégicas que plantean los educadores, integrando el concepto de «ecociudad» que defiende Yanitsky, así como es necesario considerar mejor los espacios verdes que rodean las ciudades y vigilar la dispersión urbana descontrolada y realizar lo que Robert McNee llamaba un movimiento inteligente hacia un uso más racional y menos derrochador del territorio.

Finalmente, cabe destacar que la naturaleza y las actividades educativas que pueden desenvolverse en ella no son un recurso complementario y destinado a determinados grupos de población o familias distintivas, sino que es el más originario e importante de los recursos. Peter Higgins planteó al Parlamento escocés en 2013 que el medio natural fuese el eje de todos los aprendizajes escolares, lo que abrió al mundo a un ideal de futuro. Lo realmente innovador de su propuesta es su condición de aplicación general, como una nueva realidad en la que todas y todos los escolares participarían. La educación en la naturaleza no la plantea así como una «alternativa», sino como el núcleo central de toda la escolaridad. No es un privilegio, sino una transformación que atañe a toda la población escolar y que precisará de cambios sustanciales en los docentes, en sus prejuicios y prácticas de aula, y de apertura a otras formas de cultura que atienden a la inclusión y la justicia social.

REFERENCIAS BIBLIOGRÁFICAS

ASKLAND, H., y M. BUNN, «Lived experiences of environmental change: solastalgia, power and place», *Emotion, Space and Society*, 27, 2018, pp. 16-22.

BAILLARGEON, N., *Éducation et liberté*, 2 tt., Montreal, Lux y M. Éditeur, 2005 y 2019.

BEAU, R., «Les éthiques environnementales aux bords du politique. Esquisse d'un perfectionnisme écocentrique. Éthiques environnementales et politiques: convergences et perspectives», *Vertigo*, HS 32, abril de 2020.

BEN SOUSSAN, P., *De l'art d'élever des enfants (im)parfaits*, Toulouse, Ères, 2018.

BERQUE, A., *Écoumène. Introduction à l'étude des milieux humains*, París, Belin, 2000.

BLACKWELL, S., *Impacts of Long Term Forest School Programmes on Children's, Resilience, Confidence and Wellbeing*, <www.academia.edu/13182036/Impacts_of_Long_Term_Forest_School_Programmes_on_Children_s_Resilience_Confidence_and_Wellbeing>.

BLANGUERNON, E., *Pour l'école vivante*, París, Hachette, 1918, p. 230.

BLANGUERNON, E., «Les classes promenades», *Revue Pédagogique*, 76-1, 1920, pp. 389-404.

BUCHETON, D., *Les Postures enseignantes*, MEN, 2016.

CHÂTELET, A.-M., D. LERCH y J.-N. LUC (dirs.), *L'École de plein air. Une expérience pédagogique et architecturale dans l'Europe du XXᵉ siècle*, París, Éditions Recherches, 2003.

D'ALLAINES-MARGOT, D., *Terrain d'aventure et enfants des cités nouvelles: aperçu d'une expérience*, París, ESF, 1975.

D'ALMAIDA, N., «De l'environnement au développement durable, l'institution d'un objet et la configuration d'une question», *Communication & Organisation*, 26, 2005, pp. 12-24.

DEBRAY, R., *Le Siècle vert*, París, Gallimard, 2020.

DECROLY, O., «Le programme d'une école de la vie», *L'École normale*, marzo de 1908.

DECROLY, O., *Vers l'École rénovée. Une première étape*, París, Lebègue-Nathan, 1921 [trad. cast.: *Hacia la escuela renovada*, Madrid, La Lectura, 1922].

DECROLY, O., *Le programme d'une école dans la vie*, París, Fabert, 2009.

DELAHAYE, J.-P., *Grande pauvreté et réussite scolaire. Le choix de la solidarité pour la réussite de tous*, Rapport IGEN, mayo de 2015.

FAUCHIER-DELAVIGNE, M., y M. CHÉREAU, *L'Enfant dans la nature*, París, Fayard, 2019.

FERRIÈRE, A., *L'École active*, Neuchâtel/Genève, París, Éditions Forum, 1922 [trad. cast.: *La Escuela activa*, Madrid, Francisco Beltrán, 1932; reed. posteriormente].

FREINET, C., «Chacun sa pierre, une expérience d'adaptation de notre enseignement: l'imprimerie à l'école», *École Émancipée*, n.° 8, 15 de noviembre de 1925.

FREINET, C., *Œuvres pédagogiques*, t. I, París, Seuil, 1994, p. 20.

FRESSOZ, J.-B. (dir.), *Introduction à l'histoire environnementale*, París, La Découverte, 2014.

GADOTTI, M., *Pedagogia da terra: ecopedagogia e educação sustentável*, Buenos Aires, Clacso, 2000.

GAUSSEL, M., «Que fait le corps à l'école», *IFÉ Bulletin de Veille*, 126, noviembre de 2018.

GHAFOURI, F., «Close encounters with nature in an urban kindergarten: a study of learners' inquiry and experience», *Education*, 3-13, 42, 2014.

HARARI, Y. N., *Sapiens. Una breve historia de la humanidad*, Barcelona, Debate, 2015.

HUMBEEK, B., *Et si nous laissions nos enfants respirer*, París, Renaissance du Livre, 2017.

JACQUÉ, M., «L'éducation à l'environnement: entre engagements utopistes et intégration idéologique», *Cahiers de l'action*, 2016, 1, 47, pp. 13-19.

JØRGENSEN, J., «Bringing the jellyfish home: environmental consciousness and sense of wonder in young children's encounters with natural landscapes and places», *Environmental Education Research*, 22, 8, 2016, pp. 1139-1157.

KEMP, N., y A. PAGDEN, «The place of Forest School within English primary schools: senior leader perspectives», *Education*, 3-13, 47, 4, 2019, pp. 490-502.

KUO, M., M. BARNES y C. JORDAN, «Do experiences with nature promote learning converging evidence of a cause-and-effect relationship», *Frontiers in Psychology*, 19 de febrero de 2019.

LARRÈRE, C., y R. LARRÈRE, *Penser et agir avec la nature*, París, La Découverte, 2015.

MCCLAIN, C., y M. VANDERMAAS-PEELER, «Social contexts of development in natural outdoor environments: children's motor activities, personal challenges and peer interactions at the river and the creek», *Journal of Adventure Education and Outdoor Learning*, 16, 1, 2016, pp. 31-48.

MCCREE, M., R. CUTTING y D. SHERWIN, «The Hare and the Tortoise go to Forest School: taking the scenic route to academic attainment via emotional wellbeing outdoors», *Early Child Development and Care*, 188, 7, 2018, pp. 980-996.

Meirieu, P., *La Riposte. Écoles alternatives, neurosciences et bonnes vieilles méthodes: pour en finir avec les miroirs aux alouettes*, París, Autrement, 2018.

Père, E., «Le scoutisme comme vecteur d'éducation morale», *Revue d'éthique et de théologie morale*, HS, 251, 2008, pp. 97-107.

Psyché, V., y P. Ruer, «L'apprentissage adaptatif intelligent», *Le Tableau*, 4, 8, 2019.

Reclus, É., «Du sentiment de la nature dans les sociétés modernes», *Revue des deux mondes*, 63, 1866, pp. 352-381.

Reclus, É., *La Terre. Description des phénomènes de la vie du globe*, vols. 1 y 2, París, Hachette/BnF, 2017 [1868-1869]. Entre 1888 y 1892, se editó en Madrid una versión en castellano.

Reclus, É., *L'Homme et la Terre*, 6 vols., París, Librairie Universelle, 1905-1908 [trad. cast.: *El hombre y la Tierra*, Barcelona, Maucci, 1909].

Reverdy, C., «Les recherches en didactique pour l'éducation scientifique et technologique», *Dossier de veille de l'IFÉ*, 122, febrero de 2018.

Reverdy, C., «Comment accompagner l'apprentissage des élèves?», *IFÉ Édubref*, septiembre de 2018.

Roe, J., y P. Aspinall, «The restorative outcomes of Forest School and conventional school in young people with good and poor behaviour», *Urban Forestry & Urban Greening*, 10, 3, 2011, pp. 205-212.

Roux, N., *À l'école de la nature, on sort!*, París, ESF Sciences Humaines, 2021.

Société Pierre-Joseph Proudhon, *Instruire le peuple, émanciper les travailleurs. Théories et pratiques des socialistes et des anarchistes dans l'éducation du XIXe au XXIe siècle*, Lyon, ACL, 2020.

Sponsel, L. E., *L'Écologie spirituelle*, La Chapelle-sous-Aubenas, Hozhoni, 2017.

Szanto-Féder, A. (dir.), *Lóczy: un nouveau paradigme?*, París, Presses Universitaires de France (PUF), 2002.

Tricot, A., *Les Neurosciences en éducation*, París, Retz, 2017.

Van Praag, H., «Exercise and the brain: something to chew on», *Trends in Neurosciences*, 32/5, 2009, pp. 283-290.

Wagnon, S., *Francisco Ferrer. Une éducation libertaire en héritage*, Lyon, ACL, 2013.

Zaremba, J.-L., *Lucien Gachon instituteur et précurseur de la classe promenade, défenseur de l'école rurale*, tesis de doctorado, Universidad de Lyon 2, 2002.

AGRADECIMIENTOS

Gracias a todos y a todas los que, a través de sus comentarios y aportaciones, nos han permitido profundizar y precisar nuestras reflexiones.

Gracias al equipo de la editorial ESF, por su apoyo y eficacia; a Philippe Meirieu, por su ayuda constante, constructiva y estimulante, y a Eric Guilyardi, por su confianza.

Y, por supuesto, este libro está especialmente dedicado a Flora, Garance, Juliette, Raphaël y Romain, porque son ellos y su generación quienes construirán el mundo del mañana.